トリガー
6つの質問で理想の行動習慣をつくる

マーシャル・ゴールドスミス
マーク・ライター
斎藤聖美＝訳

nbb
日経ビジネス人文庫

木製の松葉杖に体を支えた物乞《ものご》いの男がいた。

彼は、私にこう言った。

「あまり欲しがっちゃいけねえ」

きれいな女性が彼女の部屋の暗色のドアに寄りかかっていた。

彼女は、私にこう叫んだ。

「ねえ、もっと欲しくないの?」


——レナード・コーエン「バード・オン・ワイヤー」

PART 2 6つの質問で実践する

PART 3 もっと「仕組み」にしてみよう

PART 4 後悔しないために

文中の肩書きは当時のものです。

はじめに

同僚のフィルが、自宅の地下室に降りる階段を踏み外して頭を強く打ってしまった。床に横になったまま身動きできない。腕も肩もズキズキうずく。一瞬、彼は半身不随になったのではないかと思った。よろよろして立ち上がれず、上半身を壁にあずけて座り、どの程度の損傷を受けたかを考えた。手足がうずくということは、まだ感覚があるということだ。頭と首がズキズキする。頭のどこかが切れて血が背中にしたたり落ちているのを感じた。救急病院に行き、傷を消毒してもらい、骨が折れていないか、内出血していないか診療してもらわなければと思った。自動車の運転ができる状態ではないことはわかっていた。

それは土曜の朝の出来事だった。フィルの妻と大きくなった息子たちは家にいなかった。彼は閑静《かんせい》な郊外の家にただ1人だった。携帯電話を取り出し、助けを求めようとした。連絡先をスクロールして、彼は緊急時に電話ができる友だちが近所に1人もいないことに気づいた。彼は今まで近所の人と付き合おうとしていなかったのだ。血がほとばしり出ているわけでも、心臓発作にあったわけでもないので、911番にかけて救急車を呼ぶのは気が引けた。

何軒か先の家に住む中年カップルの自宅の番号を探し出し、電話した。ケイという女性が電話に出た。道で会釈する程度で、ほとんど話をしたこともない女性だ。彼が状況を説明すると、ケイは駆けてきて、鍵のかかっていない裏のドアからフィルの家に入ってきた。彼女は地下室でフィルを見つけ、立ち上がらせ、地元の病院に車で連れていき、彼が診察を受けている間、5時間もつき添ってくれた。「脳震盪《のうしんとう》ですね、数週間は痛みがあるでしょうが、骨も何も折れていませんよ」と医者は言った。ケイは彼を家まで送り届けてくれた。

危うく大変なことになるところだった、とその日暗い家の中でフィルは考えた。頭が床に当たった瞬間を思い出した。衝撃の瞬間、ハンマーが落下して大理石のタイルが壊れるような音がした。体に電気が走り、二度と歩けなくなるのではないかという恐怖に襲われたことを思い出した。なんて運がよかったのだろうと彼は思った。

体が不自由にならずに済んだことをありがたいと思っただけではない。フィルはご近所のケイがいかに親切で、自分のことを顧《かえり》みず彼のために1日を犠牲にしてくれたかを思った。初めて、彼は自分の生き方を考えた。「友だちをつくるようにしなくては」と彼は思った。ケイのように自分を助けてくれる人が必要だからというわけではない。ケイのようになりたいと思ったからだ。

行動を変えるのに、みんながみんな、生死にかかわるような激しい打撲を頭に受ける必要はない。

本書は、大人が行動や態度を改めることについて書いたものである。なぜ、私たちは改善するのがこうも下手なのだろう。どうすれば上手になれるのか？

何を改めるかをどう決めるのか？

改めたことを他人にわかってもらうには、どうしたらいいのか？

成功しようとしたら直視すべき、永遠の、どこにでも見られる挑戦——自分がなりたいと思う人物になる——に取り組む決意をどうすれば強く持つことができるのか？

これらの問いに答えるには、まず私たちを取り巻く環境に存在する「トリガー（引き金）」に焦点を当てよう。その影響は甚大だ。

トリガーは私たちに新たな思考と行動をさせる刺激であればなんでもよい。起きている間ずっと、私たちを変えるトリガーとなりうる人、出来事、状況に囲まれている。これらのトリガーは突然、不意にやってくる。フィルの脳震盪のような大ごとの場合もあれば、紙で指を切った程度の些細《ささい》なことの場合もある。先生に褒められて決意や志を強めて、人生を180度変えてしまうような嬉しいものもある。アイスクリームのようにダイエットを挫折させる誘惑のような逆効果のトリガーもある。仲間からのプレッシャーで悪いと知りながらやってしまうこともある。競争心を煽《あお》るトリガーには、高い給料というお馴染みの〝ニンジン〟から、ライバルに引き離されてイライラするものまである。大切な人が重病になったとか、会社売却のニュースなど気落ちさせるもの、雨音が甘美な思い出を甦らせるような自然界のものもある。

トリガーは実際のところ、無限にある。それはどこから生じるのか？　なぜ私たちのためにならないことをさせてしまうのか？　なぜ気づかないのか？　私たちを怒らせたり、正しい軌道から逸脱させたり、「すべてこの世は事もなし」と感じさせたりするトリガーの瞬間をどうすれば正確に特定できるのだろう。それができれば、悪いトリガーを避け、よいトリガーを繰り返すことができるのに。どうすればトリガーを味方にできるのか？

環境は、私たちの生活の中でもっとも強力なトリガーである。それも、常に私たちのために働くとは限らない。計画を立て、目標を設定し、その目標を達成して幸せになろうとする。それなのに、環境がいつも邪魔をする。台所からベーコンの香りが漂ってくると、コレステロールを下げなさいという医者のアドバイスを忘れてしまう。同僚が毎晩遅くまで残業するので、同じように頑張らなくてはという気持ちになり、子供の野球の試合を忘れてしまう。1つならず、次々と。携帯が鳴ると、大切な人の目を見る代わりに、明るくなった携帯のスクリーンを見てしまう。こうやって環境は、私たちを思わしくない行動へと走らせるトリガーとなる。

トリガーとなる環境はだいたいがコントロールできるものではないから、どうしようもないと考えがちだ。運命に操られる人形。状況によって犠牲にされてしまう。私はそれをよしとしない。トランプでどんなカードが配られるかは運命だ。しかし、そのカードをどう使うかは選択できる。頭に強い衝撃を受けたが、フィルは環境に屈しなかった。階段から落ちて、頭を打ち、回復するまでは彼の〝運命〟だった。だが、よい隣人になろうというのは、彼の〝選択〟だった。

本書のページの間を、馴染みのある感情が勢いよくというより、うろうろうごめいている。はっきり目には見えない。だからといって、実在しないとはいえない。それは**後悔**の気持ちだ。どうしてなりたい人物になれないんだ、と思うたびにそれは滲《にじ》み出てくる。

本書を書くにあたって、「今までにあなたが改善した行動の中で、いちばん大きなものはなんですか？」という単純な質問をした。その調査が大きなウエイトを占めている。答えはさまざまだが、痛恨の極みというべき答えは——そして必ず興奮させてしまう答えは——行動を改めるべきだったのにそうしなかった人たちのものだ。それは、なりたい自分になろうとして失敗したからだ。その悔恨の気持ちに打ちのめされてしまう人が多い。

私たちはジェーン・オースティンの小説『高慢と偏見』の映画に出てくるキャサリン夫人ではない。キャサリン夫人は、音楽のセンスを自慢し、皮肉のかけらもなしに、「もしお習いしていたら、わたくし、偉大な名演奏家になっていましたわ」と言う。キャサリン夫人と違い、私たちはチャンスを活かさなかったり、先延ばしにしたり、努力をしなかったり、才能を花開かせなかったりしたら、強い後悔の念に捉われる。そのときには、すでに手遅れである場合がほとんどだ。

＊＊＊

ティムにインタビューをしたとき、彼が後悔をしていることは口に出さなくても明らかだった。彼は、大手テレビ局のスポーツ部門で大物プロデューサーとして知られていたが、テレビ局でのキャリアは40代半ばで期せずして終わってしまった。彼は上司とうまくやれなかったのだ。10年後の今、彼はコンサルティングの仕事で生計をつないでいる。彼はいまだに会社が必要とする能力を持っている。だが、かつてのような安定した管理職の地位に就くことはできないでいる。「周りとうまくやれない人」という評判を得てしまったためだ。

何年という間に、この評判をつくり出した原因と真正面から向き合う機会はあった。だがティムは、それを明確にしてこなかった。彼の娘がテレビの仕事を始めるにあたり父にアドバイスを求めたとき、初めてその原因を明らかにできた。

「娘に、『いちばん大切なのは忍耐だよ』と話した。誰もが時計を気にしながら働く職場だ。番組はきっかり決まった時間に始まり、終わる。制御室のスクリーンはすべて100分の1秒刻みで表示される。それがずっと続くんだ。1つ終わると次の番組が始まる。時計は止まることなく動いている。だから、誰もが信じがたいほどの切迫感に捉われる。自分が担当者だったら忍耐も試される。みんなに今、いや今よりも先に動いてもらいたいと思う。要求が厳しくなる。思いどおりにならないとイライラして腹を立てる。部下を敵のように扱うようになる。部下は君をがっかりさせるだけではない、君の立場を悪くしてしまう。だから腹が立つんだ」

それがティムにとって、トリガーの瞬間だった。口に出すまで、気が短いのはテレビ局の環境のせいで、それが生活の他の部分にもじわじわ及んでいったことにティムは気づかずにいた。

彼はこう説明した。「友だちにメールを送って1時間以内に返事がこないと腹が立つ。そして『俺を無視した』として嫌がらせをするようになる。私はそういう奴だったんだ。友だちを、プロダクションのアシスタントのように扱っていた。ようやく気づいた。それじゃいけないんだ」

父娘の心安い会話がトリガーとなって、初めてティムは気づき、その後強い悔恨の念に襲われた。「もし人生をやり直せるのなら、もっと忍耐強くなる」と彼は結んだ。

現状を見直して、どうしてこうなったのだろうと考えたときに、後悔は生まれる。実際にしたことと、本当はこうすべきであったということを振り返る。そして、何かが自分に欠けていたことに気づく。後悔は傷つくものだ。

後悔はぐさっと傷つく。敬意を得られることは少ない。否定したり正当化したりして、無害なものとして扱われる。私たちはこういうふうに考える。「バカな選択をしてしまった。でも、そのおかげで今の私がある。過去を嘆くのは時間の無駄だ。教訓は学んだ。さあ、気持ちを切り替えよう」

過ちに気づいた心の痛みから身を守るためという意味では、それも後悔を扱う1つの方法だ。後悔しないで済む人など誰もいない（1人じゃないんだ）という事実、時がすべての傷を癒してくれる（痛みより辛いのは、痛みがいつ消えるのかわからないことだ）という事実に私たちは慰めを見出す。

私は、異なる態度を提案したい。それは、後悔を受け入れることだ（あまり厳しく長い時間であってはいけないが）。後悔に伴う痛みは逃れられない。じゃれつくペットをシッシッと追い払うようにはいかない。選択を誤り、失敗したり大事な人を傷つけたりしたら、痛みを感じて当然だ。ドジを踏んだけどうまくできるはずだと思えば、痛みはやる気にさせてくれるし、いい意味でトリガーとなる。自己変革を起こす気にさせてくれる強力な感情だ。

もし私がよい仕事をして、あなたもやるべきことをしっかりやってくれれば、2つのことが起きる。①あなたはこうなりたいと思う自分の姿に近づく。そして、②後悔することが減る。

さあ、始めようか。

PART

1

なぜ、
なりたい自分に
なれないのか

1 大人の行動改善は難しい

行動改善にまつわる2つの真実

エグゼクティブ・コーチとして私は、成功したリーダーが行動習慣の改善を達成し、持続できるようにお手伝いをしてきた。もう35年以上になる。ほとんど全員が改善する機会を受け入れるが、当初しぶしぶ始める人もいる。たいていは、行動を改善すればもっと優れたリーダー、配偶者、家族の一員になれると思う。が、そう思わない人もいる。

私のやり方は単純で、いつも変わらない。

まず、私のクライアント、そしてその人と重要な関係を持つ人たちにインタビューをする。関係者は同僚、直属の部下、役員など。私はマル秘のフィードバックを大量に収集する。そして、クライアントと一緒にそのフィードバックを見ていく。改善したい行動に対する最終的な責任はクライアントにある。だから私の仕事はとても単純だ。クライアント自身が改善したいと思う行動を選ぶ。私の仕事は、よい方向に持続的に改善するようお手伝いをすること。成否を判断するのはクライアントが選ぶ関係者だ。行動改善に成功したと関係者が判断すれば、私は報酬を得る。もし重要な関係者がそう思わなければ、私は報酬を得られない。

このプロセスのすべての段階で、私は顧客のそばにいて、どうすれば正しい軌道から逸れずにちゃんとやれるか、元の木阿弥《もくあみ》にならないようにするにはどうするか、といったことを話すから、成功の確率は高まる。とはいえ、次に挙げる2つの変わらぬ真実の重要性が低まるわけではない。

真実1　行動を有意義に改善するのは、とても難しい

行動を変えようと何かを始めるのは難しい、最後までやり遂げるのはもっと難しい。そのまま定着させるのはもっとも難しい。大人が行動を変えることは、生きとし生け

るものが達成しようとすることの中で、もっとも困難なことであるとすら言いたい。

誇張していると思ったら、次の質問に答えてみてほしい。

■ **あなたが改善したいことはなんですか?**——体重を減らす(大きな目標だ)、転職する(これも大きい)、キャリアを変える(もっと大きい)といったことかもしれない。あるいは、髪型を変える、お母さんにもっと電話をする、居間の壁の色を変える、といったささやかなものかもしれない。何を変えたいとするかは、私の判断するところではない。

■ **どのくらいの期間、そう思っていますか?**——朝起きて「今日こそ変えるぞ」と思うことが、何カ月、あるいは何年の間、続いていますか?

■ **それで、どんな結果になりましたか?**——つまり、ある瞬間、自分を変えようと決意し、行動し、満足のいくような結果を得られましたか?

この3つの質問は、何かを変えようというときに直面する3つの問題そのものだ。

「変える必要があることを認められない」——変化が望ましいことだと認識できない、あるいは、変化の必要を否定する巧妙な言い訳を考え出してしまうためだ。これから本書では、変化に抵抗しようとするトリガーとなる根深い考えを分析し、取り除いていこう。

「私たちは惰性の力を正しく評価していない」――選べるものなら、私たちは何もしないことを選ぶ。だから「どのくらいの期間、そう思っていますか」という質問には、何日ではなく、何年もという答えが多いだろう。惰性のせいで、私たちは何も始めない。長期的には自分のためになる、何か困難なことを始めるために、(痛みがない、慣れている、まあまあ楽しい)快適なことをやめるには特別な努力がいる。ここで必要とされる努力を、本書で提供することはできない。それはあなたの問題だ。しかし、仕組みを使って、自分を監視するシンプルなやり方で自己改善を始め、持続させることができる。

「どうやって変えたらいいかわからない」――モチベーションと理解と能力の間には違いがある。たとえば、私たちは痩せたいというモチベーションはあっても、栄養学的理解がないし、効果的なメニューをつくり、継続して料理する能力がない。あるいはその逆かもしれない。栄養の知識があり、料理の腕があっても、モチベーションに欠けることがあるかもしれない。本書の中心テーマは、私たちの行動は良くも悪くも環境によって形づくられるということだ。環境の力を正しく評価すれば、変わろうとするモチベーション、能力、理解が劇的に増加するばかりでなく、実際にやれるという自信が増す。

大人になって初めて、自分の決意で行動を変えたときのことを、私はまざまざと覚えている。

26歳のとき、私は最初で最後の妻であるリダと結婚して、カリフォルニア大学ロサンゼルス校（UCLA）で組織行動論の博士課程に在籍していた。高校時代から私は髪が薄かったのだが、当時はそれを認めるのが死ぬほど嫌だった。毎朝鏡に向かって、頭のてっぺんにまだ残っているか細いブロンドの髪を、数分かけてセットした。髪を後ろから前のほうになでつけて額の真ん中あたりで曲げて月桂冠のような形にしていた。そして、バカみたいになでつけた髪で、みんなと同じように普通に見えると信じ切って外へ出て行くのだった。

床屋で散髪するときは、事細かに注文した。ある朝、私が椅子に座ったままうとうとしていると、理髪師が髪を短く切ったために、櫛《くし》でなでつけることができなくなってしまった。パニックに陥った私は、数週間帽子をかぶり、か細い毛が再び生えるのを待つこともできた。だが、その日鏡の前に立ち、映った自分の姿を見つめ、自分に言い聞かせた。
「現実を直視しろ。おまえは禿《は》げだ。それを認めるときだ」
その瞬間、頭のてっぺんに残っていたわずかな髪を剃り、それ以降ずっと禿げ頭で通している。それは複雑な決断ではないし、ものすごく努力が必要だったわけでもない。床屋が短く切りすぎただけだ。だが、いろいろな意味で、大人になってからいちばん私を解放してくれた変化だった。私は自分の容姿に対して心穏やかになれて幸せになった。

何がきっかけで、新たな髪の手入れの方法を受け入れることになったのかわからない。この手順を毎日永遠に続けることを考えて、ぞっとしたからかもしれない。誰も騙されていないことに気づいたからかもしれない。

理由はどうでもいい。変わることを決意し、決意に従って行動したことが素晴らしい達成だった。たやすくできることではない。私は何年もの間、髪のことでくよくよし、イライラしてきた。愚かさの度合いを計ったら、無駄と間抜けの間に位置するようなことをよくも長い間続けたものだ。

馬鹿げた行動を何年も続けたのは、ⓐ自分は禿げだと認められなかった。そして、ⓑ惰性に流されていたために、やり方を変えるよりも慣れた手順を続けるほうが楽だと思っていたためだ。私が1つ有利だったのは、ⓒどうすれば変えられるかを知っていた点だ。他のこと、たとえばスタイルをよくする、新しい言語を学ぶ、聞き上手になるなどと比べたら、何カ月も意思を強く持ち、評価し、フォローアップする必要がない。他の人の協力も必要ない。床屋にばかばかしい注文をつけるのをやめて、好きなようにやってもらうだけでよかった。行動を変えるのが、みんなこのように簡単だったらいいのだが。

真実2　自分が心から変わろうとしない限り、誰も変えられない

これは言うまでもないことだろう。変化は自分の内から生じなければならない。誰かに指図され、命令されてすることではない。人に強制することはできない。男も女も、心の底から変わろうとしない限り、変わることはない。

この単純な真実が腹にすとんと落ちたのは、「人を変える」仕事に就いて12年経ってのことだった。それまでに私は100人以上のエグゼクティブに対してコーチングを行い、ほとんどに成功し、失敗はわずかだった。

失敗例を見直して、1つの結論に至った。

変わりたいと口では言っても本心から変わろうとしない人がいるということだ。失敗事例では、私は顧客の選定を大きく間違えていた。彼らが必ず変わるつもりだと言ったのを信じて、本気かどうか見極めるためにもっと深く掘り下げることをしなかった。

この事実に気づいてから相当経ったとき、大手コンサルティング会社の最高執行責任者（以下、COO）、ハリーにコーチングすることを依頼された。ハリーは聡明で、やる気にあふれ、よく働き、結果を出すタイプで、傲慢かつ自信過剰な男性だった。彼は常に直属の部下に失礼な態度をとっていたから、数人の部下は競合会社に転職してしまった。この事態に最高経営責任者（以下、CEO）は慌てて、私のところに電話をしてきたのだった。

ハリーは最初のうち、口ではうまいことを言い、ぜひコーチングを受けて変わりたいと言った。私は、彼の同僚や直属の部下にインタビューした。彼の妻や10代の子供たちにも話を聞いた。彼らはみな、同じことを話してくれた。仕事の能力は非常に優れているが、彼にはいつでも誰よりも賢くありたいという強い思いがあり、自分は正しいとみんなに認めさせ、議論で勝たなくては気が済まない。私はぐったりとし、不快な気分になった。彼に打ちのめされ、脅かされた人が彼を嫌ったために、いかに多くの機会を失ったことか。

ハリーと2人で全方位からのフィードバックを見ていき、彼は職場の人や家族の意見を大切にすると誓った。しかし改善すべき点をあげていくと、彼はその行動を1つひとつ正当化していった。彼は大学で心理学を専攻したことを私に話し、周りの人の行動に問題があると分析し、彼らこそ変わる必要があると決めつけた。信じられないほどの厚顔無恥で、彼のまわりの人を変えるにはどうしたらいいのか、私に尋ねた。

私も若いときだったら、ハリーの抵抗を大目に見たことだろう。彼の傲慢さと断固認めようとしない態度と同様、私も、人間的に劣り失敗してきたハリーが変わるのを助けられると思い込んだところだ。幸いなことに、私は以前の教訓を思い出した。

変わりたいと口では言っても、本心変わろうとしない人がいる。

ハリーは私と話すことで、彼が優れていることを見せつける機会と捉え、妻や子供も含めたまわりの人、思い違いをしている人たちの誤解を覆そうとしているんだということが徐々にわかってきた。4回めのミーティングで、私はさじを投げた。私はハリーにコーチングのお手伝いはできないと伝え、別れたのだ（のちに会社がハリーをクビにしたと聞いて、私は喜びも驚きもしなかった。人の助けを拒む人は、仕事でも私生活でも限界にきているとCEOは結論したのだろう）。

自分の行動を変えれば報われるのに、ノーリスクであっても——そして現状にしがみついていれば職も人間関係も失うかもしれないというときでも——私たちは変わることに抵抗する、という例としてハリーのことをしばしば思い出す。

生死にかかわる問題であっても変われないことがある。喫煙のような悪習をやめることが、いかに難しいかを考えてみればわかる。癌《がん》になる恐れがあり、広く社会的に非難されているというのに、喫煙者の3分の2はやめたいと言いつつ、やめようともしていない。この事実には愕然とさせられる。実際にやめようとした人でも、10人に9人は失敗している。最終的に禁煙した人、すなわち強い動機と意思を持った人たちだが、彼らも成功するまでに平均6回は失敗している。

行動改善の中で、禁煙は比較的単純なものだ。自分自身で完結することだからだ。あなたと悪習。一個人が1つの悪魔と戦うだけだ。やるかやらないか、あなた次第だ。そして、あなただけが勝利を宣言できる。他の人はとやかく言えない。

他の人たち——あなたのコントロールを超えて予期できない行動をとる人たち——が関与してくる、そしてその人たちの反応が成功を左右するとなるといかに大変か、想像してほしい。テニスでウォーミングアップのために壁打ちをするのと、相手がボールを打ち返してくる試合との違いのようなものだ。

だから、大人になってから行動を変えるのは実に難しいのだ。家庭でもっとよい伴侶になりたい、職場でもっとよい上司になりたいと思ったら、自分のやり方を変えるだけでなく、あなたの伴侶や部下の同意を得なくてはならない。周りの人すべてが、あなたは変わってきたと認めなくてはならない。他人に依存することで困難の度合いは幾何《きか》級数《きゅうすう》的に増加する。

＊＊＊

ページをめくる前に、この言葉をしっかり頭に焼き付けてほしい。本書は、喫煙などの悪習や夜遅くアイスクリームを無性に食べたくなっても食べるのをやめるための本ではない。ニコチンやアイスクリームは対象ではない。あなたが敬意を持ち、大切に思う人たちに接する行動を変えること。それが目的だ。

行動を改め、それを維持することが難しいのは――そして、たいていの人が始めて間もなく諦めてしまうのは――この世界が不完全で、軌道から外させるようなさまざまなトリガーに満ちあふれているからだ。

ありがたいのは、行動を変えるのが複雑なこととは限らない点だ。これから本書で取り上げていく方法を理解しようとするとき、私のアドバイスがあまりにもシンプルに聞こえるからといって、軽く考えてはいけない。有意義で長く続く変化を遂げるのはシンプルだ。考えるよりもシンプルだ。

だがシンプルだからといって、簡単なわけではない。

2 行動改善を阻む「信念のトリガー」

有益な変化にも反発はつきもの

2001〜13年の12年の間、マイケル・ブルームバーグはニューヨーク市長を務めた。彼は不屈な「社会改革者」で、常に人々の行動をよいほうに（少なくとも彼の考えでは）変えようと努力した。公共の場での喫煙を禁止したことも、公用車をすべてハイブリッド車にすると法律で定めたことも、常に市民の自己改善を目的としていた。2012年、彼の3期め、そして最終任期に、彼は小児肥満症に取り組むことを決意し、容量16オンス（約450ミリリットル）以上の高糖度ソフトドリンクの販売を禁止した。

ブルームバーグのアイデアの利点や、規制の抜け穴で生じる不公平について議論はあるだろう。だが、小児肥満症を減少させることはいいことだと誰もが賛同する。ささやかな方法で、ブルームバーグは市民が高糖度のソフトドリンクを過度に摂取しないよう、環境を変えようと努力した。

彼の理屈は反論しがたい。たとえば、数セント余計に払えば買えた32オンスのソフトドリンクを買えなくして、砂糖の摂取量を減らすようにした。ソフトドリンクを飲むことを禁止したわけではない（16オンスを2杯買うことはできる）。彼はちょっとした障害をつくり出して、市民の行動を変えようとしただけだ。オフィスのドアを閉めておいて、ノックしないと部屋に入ってこられないようにするのと同じことだ。

私個人としては、この結果は気にしていない（判断するのは私の仕事ではない。私の使命は、人がなりたい自分になるのを手助けするだけ。どんな人物になりなさいとは言わない）。変化に抵抗しようとする人間が多い中、ブルームバーグの計画がどう展開するか、私は見守っていた。私はニューヨークが好きだが、善良な市民は期待を裏切らなかった。

彼らはすぐさま「過保護政府」に反対の声をあげた。このブルームバーグという奴は、どうして私がどう生きるべきかを指示するのか。地元の政治家は事前の相談がなかったといって反対した。彼らは市長の高圧的なやり方を嫌った。全米有色人地位向上協会（以下、NAACP）は学校の体育教育の予算を削減していながらソフトドリンクをターゲットにする偽善的行為に反対した。個人経営の店のオーナーは、自分たちの店を脅かすセブンイレブンのようなコンビニにはこの禁止令を適用しないことに反対した。ジョン・スチュワートは規定量以上のソフトドリンクを違法に売った場合の罰金は、マリファナ密売の罰金の2倍だとして市長を嘲笑《あざ》った……などなど。結局、訴訟の集中砲火を浴び、判事はこの法律を「専断的かつ気まぐれ」であるとして却下した。

私が言いたいのは、ある行動を変えることが個人にとっても社会にとっても有益であることが間違いない場合でも、私たちは変化を回避するために天才的な理屈をつけてしまうということだ。問題解決するより、助けようという人のやり方を攻撃するほうが簡単だし、もっと楽しいものだ。

この天才的な能力は自分のこと、自分の行動を変えるという段になると、もっと強烈になる。否定、抵抗、果ては自己欺瞞を引き起こす数々の信念に訴える。それは言い訳よりもさらに悪質だ。言い訳は人を失望させたときに使う手軽な説明だ。便利なだけではない。その場で口について出てくる。私たちは「退屈」だから、「忙しい」から運動をしない。「道が混んでいて」、「緊急な子供の用があって」仕事に遅れる。

「他に手だてがなくて」人を傷つける。こういった口実は、基本的には「犬が僕の宿題を噛み切ってしまいました」の応用編で、頻繁に使われるから誰も信じない（たとえ真実を話しているときでも）。

失敗を引き起こす15のトリガー

だが、自分自身に失望したときに心の中で正当化することは、どう言い表せばいいのか。たんに「言い訳」というのは、自分流の解釈を表すのにはどうも適切ではないように思われる。言い訳は期待を裏切ったときの事後の説明である。

心の中にある信念は、何かが起きる前の失敗を引き起こす「トリガー」である。それは可能性を殺して永続的な変化を妨害するものだ。何かをしないことを正当化するためにこれらの信念を金科《きんか》玉条《ぎょくじょう》とし、うまくいくことを願う。私はこれを「信念のトリガー」と呼ぶ。

1 わかったらやるよ

この本で私が提案することは、すべてうまくいく。「まあまあ」とか「多少」ではない。どうすれば「理想とする自分」と「現実の自分」のギャップを埋められるか理解する手助けになる。だが、かといってあなたが実行するとは限らない。

私の本を読んで「常識だね。知らないことは何も書かれていなかったよ」と言う人がいる。啓蒙《けいもう》書の大半に当てはまる批判だ（今そう思っているんじゃないか？）。私は「そのとおり。だが、今までにやっていないことがたくさん書かれていると思うよ」と考える。セミナーや会社の合宿に参加して、これからこうしようと話し合っても、1年後に何も変わっていないことを経験した人は、〝理解する〟ことと〝実行する〟ことの違いを知っているはずだ。何をすべきか理解したとしても、実際の行動に結びつくかどうかは保証の限りではない。これが**混乱**を生む。

それは14の信念のトリガーとなる。よく知っているものばかりだと思う。自分には当てはまらないと思うかもしれない。だが、それは本当かどうか、胸に手を当てて考える価値があるだろう。

2 私は意志が強いから誘惑には負けない

私たちは意志の力、自制心を神格化し、それがない人を馬鹿にする。人並み外れた意志力で何かを達成する人は「強い」「英雄のような」人とされる。誰かの手助けや仕組みを必要とする人は「弱い」人とされる。これは馬鹿げたことだ。意志の力を正確に計測したり予測したりできる人はいない。私たちは意志の力を過大に見積もるばかりか、正しい道を踏み外させる「環境のトリガー」の力をいつも過小評価してしまう。環境は恐るべき意志力削減マシンなのだ。

紀元前800年頃にホーマーの書いた古典「オデッセイ」の中で、英雄オデッセウスはトロイ戦争から帰還する途中、多くの苦難と試練に出くわす。彼の船は、水際の岩に座り甘い歌声で船乗りを惑わし殺すセイレーンの前を通り過ぎなくてはならなかった。オデッセウスはセイレーンの声を聴きたいと思った。そこで彼は船乗りたちの耳に蝋《ろう》を詰め込み、船のマストに自分を縛り付けて、セイレーンの歌声で気が狂うことなく安全に聞けるようにした。彼は、意志の力だけではセイレーンの誘惑に打ち勝てないことを知っていた。

オデッセウスと異なり、私たちは試練を先読みできない。その結果、目標を設定するときに想定する意志の力が、目標達成に必要なレベルに届くことは滅多にない。常に何かが起きて船を沈めてしまう。この信念は**過信**のトリガーとなる。

3 今日は特別な日だ

計画から逸れた行動の言い訳をしようとすれば、どんな日でも「特別な日」になってしまう。今日はスーパーボウルの日だから、今日は誕生日だから、結婚記念日だから、休日だから、クッキーの日だから（念のため、クッキーの日は12月4日だ）と言って、衝動や目の前の誘惑に負けてしまう。明日は普通に戻ろう。明日は、いつものように自制心を働かせるさ。

もし本気で変わろうとするなら、毎回カレンダーを見て、普通の日ではない何か魅力的なことを見つけて今日は例外とする気持ちに克《か》たなくてはならない。横道に逸れることを外部要因による出来事で言い訳してしまうと、自堕落な**矛盾**を引き起こしてしまう。それは変わろうとするときに致命傷となる。1日で成功して変われることはない。私たちは長期戦を戦っているのであり、特別な日の束の間の満足を得る短期戦を戦っているのではない。

4 「少なくとも私は……よりもマシだ」

失敗したり、負けたりして落ち込んだとき、私たちは「少なくとも……よりはマシだ」と自分に言い聞かせる。世界で最低というわけじゃない、と自分を慰める。それはモチベーションと自制心のハードルを下げて、気分を楽にするための言い訳だ。自分はマシだ、他の人がもっと変わるべきなんだとする。それによって誤った**免責**の気持ちが引き起こされてしまう。

5 私は人の助けも仕組みも必要としない

機能不全を引き起こす信念の中でも深刻なのは、単純なことや仕組みを軽視するものだ。単純に見える任務を果たすのに、自分は仕組みを必要とするような人物ではないと思う。アトゥール・ガワンデ博士は著書『アナタはなぜチェックリストを使わないのか？』の中で、集中治療室内での感染は、手を洗うこと、患者の皮膚を消毒すること、糸で縫合したら殺菌済みの包帯を使うことなどの単純な5つのチェックリストに医者が従えばなくなると言っている。チェックリストの効果はわかっているのに、長い間、医者は抵抗した。何年も医療研修を受けたあとだというのに、自分より目下の看護師からいつもリマインダーを渡されるのは屈辱的だと医者は受け取った。「そんな簡単なこと、チェックリストを使って思い出す必要はない」と外科医は考えたのだ。

次の3つの誘発要因が組み合わされれば当然の反応だ。①単純なことを軽視する（複雑なことだけが注目に値する）、②指示やフォローアップを軽視する、③根拠もなしに、自力で成功できると信じる。この3つが組み合わさると、人の心に訴えることのない**例外論者**になってしまう。仕組みや手引きを必要とする人々より優れていると考えるのは、変化にもっとも重要な要素、謙虚さを欠くことだ。

6 私は疲れを知らない、熱意が消えることもない

長時間働いて仕事を終えてしまおうと考えている朝の段階では、私たちは疲れていない。新鮮な気持ちでやる気に満ちている。だが、数時間働いたあとは、疲れて諦めたくなってしまう。目的を達成するためのエネルギーが衰えることはないし、自分を改善するプロセスに熱意を失うこともないと信じている。私たちは、自制心には限度があることを認めない。疲れてくると自制心は弱まり、やがて消えてしまう。ひたむ

きに計画を守ろうとする努力は**消耗**のトリガーとなる。

7　時間はたっぷりあるさ

心の中で同時に存在し、時間の概念を歪める、相反する2つの考え方がある。①何かを完成させるのに必要な時間を、私たちは常に過少に見積もるきらいがある。②時間は無限にあるから、やがて自己改善ができる（ハハハ、私は今年こそ「戦争と平和」を読むぞと決意した。何十年も、毎年のことだけどね）。時間は無限にあると思うと、**先延ばし**を招く。よくなる努力は明日からにしよう。何も急いで今日やることはないとね。

8　注意を逸らすものはない、予期せぬ出来事が起こることもない

将来の計画を立てるとき、注意を逸らす事象が起こることを計算に入れることは滅多にない。完全な世界にいて、自分の仕事だけに専念できると思って計画を立てる。誰にも邪魔されず仕事に専念できる状態だったことなど過去にはないのに、将来にはこのような涅槃《ねはん》の世界が存在すると信じて計画を立てる。人生には常に邪魔が入り、

優先順位を変更させ、私たちの集中力を試すようなことが起きる。それを勘案しないで、仕事に取りかかろうとする。

私は大学で数理経済学を専攻し、「低確率の高確率」について学んだ。低確率の事象は計画に入れない。その名の示すとおり、それが起きる確率はごく低いからだ。通勤時、タイヤがパンクする、交通事故にあう、トレーラーが横転して交通渋滞になる。そんなことを想定するだろうか。しかしながら、タイヤのパンクや事故で渋滞が引き起こされる可能性は意外と多い。それを考えずにいることが**非現実的な期待**のトリガーとなる。

皮肉なことに、この文章を書いている日曜の午後、たった今クライアントの1人からメールを受け取った。「仕事で緊急事態が起きたので、あなたの貴重なご意見を伺いたい。今電話でお話しできますか?」

この日曜の午後、彼女が緊急に電話で話したいと言ってくる確率はゼロに近かった(それまで彼女がそうしてきたことはなかった)。しかし、日曜の午後に何かしら邪魔が入る可能性はかなり高い。

私が管理職のクライアントにコーチングをするときは、通常1年半かける。私は予想以上に時間がかかりますよ、何かしら危機的な事態が出てくるものですから、とクライアントに警告する。何が起こるかはわからないが、本当に現実に起こるのだ。たとえば、買収、欠陥品の発生、大規模な製品リコールなどが起こりうる。そして改善達成の時期が大きく延びる可能性がある。予測はできないが、予想はしておくべきだ。必ず注意を逸らし、スローダウンさせることになるから。

9 啓示で突然、私の人生が変わる

啓示とは、洞察と意志を超えて突然変化が起こることを意味する。もちろん起こる可能性はある。アルコール依存症患者がどん底を経験する、ギャンブラーが破産する、底意地の悪い管理職が解雇を示唆される。そしてしばらくの間、彼らは目からうろこが落ちたように、事態を理解するようになる。だが、啓示の経験は**マジカル・シンキング**（実際には無関係な物事と物事との間に、関係があると思い込むこと）を引き起こす可能性が高い。私は「突然の覚醒《かくせい》の経験」には懐疑的だ。短期的には変化を招くかもしれない。だが、有意義なこと、長続きすることは起きない。そのプロセスが、戦略的というより衝動的であり、仕組みというよりも希望や祈りに基づくものだからだ。

10 私は永遠に変わる。二度と心配する必要はない

大いなる西欧病とは、「こうなったら、私は幸せになれる」と思う病気だ。幸福は不動の最終目標であり、手の届くところにあると思う。この昇進さえ手に入れれば、あの家さえ買えれば、結婚相手さえ見つかればなど、なんでもいい。今日の時代、人気のある話の中にそれは刷り込まれている。ある人がモノやサービスにお金を使う。その人は幸せだ。これがテレビコマーシャルだ。平均的アメリカ人はテレビCMを14万時間も見ているのだから無理もない。行動改善に関しても同様だ。目標を設定し、その目標を達成すれば幸せになれると信じている。そして逆戻りすることはないと信じている。この信念が**永続性**の誤った考えのトリガーとなる。

これが真実だったらいいのだが。リーダーの行動改善に関して世界中の8万6000人を対象にした調査「リーダーシップは格闘技だ」では、異なる図が浮かんできた。フォローアップをしない限り、改善をしても長続きしない。それは体を鍛えるのと、それを維持することの違い――目標体重を達成することと、それを維持することの違いのようなものだ。そこに到達しても、本気になって自制心を働かせない限り、そこにはとどまれない。スポーツジムに通い続けなくてはならない――永遠に。

おとぎ話は「そして2人は永遠に幸せに暮らしましたとさ」で終わることになっている。だからこそ、おとぎ話なのだ。ドキュメンタリーではない。

11 古い問題を取り除けば、新たな問題は出てこない

どんなに変わっても、問題が永遠に解決するわけではないと理解していたとしても、古い問題がドアの外に出て行くと新たな問題がやってくるということを忘れてしまう。成功を収めた私のクライアントたちを見ればよくわかる。夢に見たCEOの地位に就いた喜びは、2回めの取締役会を迎えると霧消してしまうと誰もが言う。CEOになろうという問題は古い問題となり、CEOであるという新たな問題に置き換えられてしまう。この信念は、**将来の問題**に対する基本的な誤解のトリガーとなる。

宝くじを当てた人の例はよく知られている。突然金持ちになり、悩みのない至福の思いを遂げることを夢見ない人はいないだろう。だが、宝くじを当てて2年もしないうちに、彼らは大金を手にする前より幸せになったとは言えなくなってしまうことが研究でわかっている。大金が入って、借金や住宅ローンの問題が片付き、子供の学資ができる。だが、新たな問題がすぐに生じる。親類、友だちが寄ってくる、慈善事業

団体が以前よりも多額の寄付を要求してくる。友だちが近所にいたときの家は安普請《やすぶしん》だった。その問題は消え、高級住宅に住めるようになるが、友だちがいないという問題が現れる。

12 努力すれば報われる

私たちは、世の中は公平だと信じるように子供のころから育てられてきた。崇高な努力をして、一生懸命働けば報われると信じている。正当に報われないと、騙されたように感じる。期待が打ち砕かれると**恨み**の気持ちが生じる。

リーダーをコーチするとき、それが正しいことだと心から信じて行動を変える努力をするようにと、私はしつこく言う。よりよきリーダー、チーム・メンバー、家族の一員になれる、ひいては周りの人の生活をよくする。自分の価値観に沿った人生を送れるようになる。

もし外的な見返り（昇進、昇給）を求めて変わろうとするのなら、私はその人にコーチングをしない。なぜなら、①求めるものが得られるとは限らないし、②その見返りを得ることだけが動機であれば、古いやり方に戻ってしまうし、③私はまやかしの成功に手を貸すだけになってしまうからだ。

よりよい自分になること、それ自体がご褒美だ。もしそうなら、騙された気分になることは決してない。

13 誰も私のことなんか気にしていない

誰も注意して見ているわけではないからといって、ときどき昔の悪い癖に戻ってもかまわないと思ってしまう。私たちは実際、人目につかない存在だ。そこから**孤独**を好む危険な動きをしてしまう。さらに悪いことに、それは半分正しい。ゆっくりと、しかし着実に改善を遂げている状態は、自分が思うほど他人ははっきりと気づいてくれない。だが、以前の行動に戻ると、人は必ず気づく。

14 変わってしまったら、私が私でなくなる

現在の自分の行動が自分であり、それは変わらないもので、いつまでも自分そのものだと思う。変わると、本来の自分ではなくなってしまうように思う。この信念は**頑**

固さをもたらすトリガーである。「自分らしくない」からと、新たな状況に適応した行動をとることを拒絶する。

たとえば、こういうコメントを耳にすることがよくある。「よいところを褒めてあげるなんて自分にはできない。私らしくない」。そういうとき私は、あなたは不治の病にでもかかっていて、認めてあげて当然の人を褒めることができないのですか、と尋ねることにしている。

私たちは行動を変えることができる。そして自分がどういう人物かを変えることができる。「私らしくない」という殻に閉じこもってしまったら、そこから抜け出すことは不可能だ。

15 自分の行動を自分で強化するだけの頭脳がある

こと自分の評価となると不正確になるのはよく知られている。8万人以上の管理職の人に自己評価してもらったところ、70%の人が同僚と比べて上位10%にいると答えた。上位20%に入るという人は82%、98・5%の人が上位半分に入ると回答した。成功したときには自分のおかげだと思い、うまくいかなかったときには環境や他人のせいにする傾向がある。この信念が**客観性**を損なうトリガーとなる。他人は常に他人自身を過大評価するが、自分は公平に正確に自己評価すると信じてしまう。

＊＊＊

過信、頑固、マジカル・シンキング、混乱、恨み、先延ばし。自己改善の旅をするにはたいそうな重荷だ。

真面目なものも馬鹿げたものもあるが、これらすべてを合理化しようとするものは、**なぜ私たちはなりたい自分になれないのか**という大きな疑問に対するぴったりの答えにはならない。ある日、もっとよい人間になろうと思うのに、なぜ何時間も、何日もしないうちにそれを諦めてしまうのか。

変えたいと思うのに変わらないのには、実に大きな理由がある。立派な言い訳や前述のようなトリガーとなる信念よりもずっと強いもの。それは環境だ。

3 それは環境だ

私たちを取り巻く環境に対する誤解

私たちは、環境が私たちの行動を決めていることに気づかないまま人生を送っている。

渋滞した高速道路でイライラしてキレることがある。それは私たちが反社会的なモンスターだからではない。乱暴で短気なドライバーに囲まれた状態がトリガーとなり、穏やかな振る舞いを一時的に変えてしまうのだ。知らず知らずのうちに私たちは短気、負けず嫌い、敵愾心《てきがいしん》の環境に身を置く。その環境が私たちを変えてしまう。

レストランの料理にがっかりして、彼らが料理をしたわけでもないのに、愛想のよいウエイターを罵《ののし》り、接客担当者に嫌味なコメントをしたりして、声に出して憤りを見せることがある。ルイ14世式のノブレス・オブリージュを発揮しているからではない。レストランという環境がトリガーとなって、私たちは常軌を逸した行動をする。高いお金を出すからには、レストランでは丁重な扱いを受けてしかるべきだと考える。権利がある環境だから、それに応じて行動する。レストランの外では権利を与えられていないから、我慢強く、礼儀正しい模範的な市民に戻る。

環境を意識して、その環境にいることを受け入れているときでも、環境の容赦なき力の犠牲になることがある。30年前、生活の半分を飛行機の中で過ごす生活を始めたとき、機内は読書したり原稿を書いたりするのに理想的な環境だと思った。電話もない、テレビもない、何の邪魔も入らない。出張漬けは嫌ではなかった。ものすごく生産的になれたからだ。

だが機内サービスが徐々に改善され、前方のスクリーンに1つの映画が上映されるやり方から、Wi-Fiが整備され、座席にいながらにして50ものオンデマンド・チャネルから選べるようになり、私の生産性は低下した。修道院のような静寂の空間は、邪魔者のデパートのようになってしまった。誘惑にさらされ、私は気が散るようになった。仕事をするか、時差のある地域に行くときには寝だめをする代わりに、くだらない映画を2つも3つも続けて観るようになった。飛行機から降りると安全に地上に戻れたことを嬉しく思い、次の仕事に向けて気合を入れるのではなく、機内で浪費した時間を考えて自分を責めるようになった。自制心が利かずにへまをしでかしてしまったと感じるようになった。

かつては飛行機を降りるとリラックスして、十分休息をとった気持ちで空港をあとにしたのだが、最近は疲れて、無気力に感じるようになった。機内の環境が変わったことを自覚するのに2、3年かかった。環境の変化に応じて私も変わった。だがよい方向に変わったわけではなかった。

本書で私が治そうと思っている「病気」の1つは、私たちを取り巻く環境に対する誤解だ。私たちは環境とうまくやっていると思っているが、実は戦っている。環境をコントロールしているつもりだが、実際には環境が私たちをコントロールしているのだ。外的な環境が私たちに有利になっている、すなわち、私たちを助けていると思っている。が、実際には私たちの負担を増やし、疲れさせている。環境は私たちに何を与えるかには関心がない。私たちから何を取れるかにのみ関心がある。

環境を人生劇場に出てくる悪役のように扱っていると感じるかもしれない。意図的にそうしているのだ。環境を人間のように考えてほしい。テーブルの向こう側に座っている宿敵のように、身近な現実のものとして感じてほしい。環境は手の届かない触ることのできない、形のない空間ではない。それは実体のあるものだ。私たちを取り巻く空気のように、息を吸い吐くとき以外はふだん無視をしている当たり前のものではない。環境は絶えずトリガーを引き、行動に与える影響は無視できないほど大きい。環境を血も肉もある人間のように見るのは、空想の隠喩というだけではない。何に直面しているのか、はっきり直視するための戦略である（環境に名前をつけることをアドバイスすることもある）。

たいていの場合、環境は悪魔になる

すべてが悪いわけではない。環境は私たちの肩にとまる天使となることもある。結婚式、学校の同窓会、表彰記念のディナーなどで、楽しい仲間意識が会場に充満しているとき。みんなが抱き合い、連絡するよと言い、近いうちにまた会おうと言う（もちろん、それは日常生活に戻ると——すなわち異なる環境に身を置くと消えてしまうことが多いのだが。私たちはその変化によって変わる。約束を忘れる。フォローアップをしない。連絡を取らない。これほど対照的なことはない。１つの環境が私たちを高揚した気分にさせ、また別の環境はそんなことは起こらなかったかのように、そのいい感じを消し去ってしまう)。

たいていの場合、環境は悪魔だ。このことを私たちは忘れてしまう。同僚と会議室に座っていようが、友人の家を訪問して食事をご馳走になろうが、年老いた親に毎週電話することに耐えようが、環境が新たに変わると、環境はずる賢く私たちの行動を変えてしまう。

私と妻のリダは他人を皮肉に見るタイプではない。職場で行動を変えるように指摘をするのが私の仕事だが、「市民」としての生活では人を批判しないようにしている。人の小さな弱点を受け入れ、「気にしない」よう意識している。リダは私ほど努力しなくても大丈夫。彼女はいつでも優しい人だ。

だが、近所に住むテリーとジョンと夕食をともにするときには、私たちは別人になってしまう。彼らはひょうきんで楽しいカップルだ。だが、彼らのユーモアは世界を斜に見ることから生じる。彼らのコメントはほとんど何に対しても——共通の友人、政治家、近所のペットでも——とても皮肉で、残酷ですらある。有名人の酷評コンテストに出ているように思えるくらいだ。

ある日、とりわけ辛辣なディナーのあと、リダと私は思い返して、いかに皮肉なコメントを私たちがしたかに気づいて驚いた。それは私たちらしからぬことだった。この異常な行動の理由を探して、唯一いつもと違うのは一緒にいた人たちが違うこと、それが異なる空気をつくり出したと結論した。言い換えれば、環境ということだ。ソフトに話す人といるといつもよりソフトに話し、早口の人とはもっと早口で話す。それと同じように、テリーとジョンがつくり出した暗い会話の空気の中で、私たちの意見は根本的に変えられてしまったのだ。

1つの要素が理想的な環境を悲惨な状況に変えてしまうことがある。私たちだけではない。そこにいるすべての人を変え、互いの態度を変えてしまう。何年も前のことだが、コンサルティング会社のパートナーが集まって合宿しているところで話したことがある。以前にこの会社で講演をしたときにはうまくいったのだが、このときはどうも何かがうまくいっていなかった。聴衆とのやり取り、笑い声も聞こえない。頭のよい人たちが熱意なく座っているだけ。やっと私は部屋が暑すぎることに気づいた。驚いたことに、部屋の温度を下げただけで、セミナーはうまく回り出した。ロックスターが楽屋に赤色のM&Mチョコレートを用意するよう要求するように、私は講演をするときには涼しい環境であることをプリマドンナのごとく要求する。環境のちょっとしたことがすべてを変えてしまうことを私は学んだ（その後、デイビッド・レターマンは彼がホストする「レートショー」のスタジオの室温を13度に設定してからステージに上がることを知った。1980年代、彼は実験をして、彼のジョークがいちばん受けるのは13度のときで、音がはっきり聞こえ、聴衆がもっとも集中することを学んだ)。

もっとも致命的な環境は、善悪の判断に妥協を余儀なくさせるものだ。競争の激しい職場の環境では、良識のある人にでも起こりうる。

ヨーロッパのコングロマリットの会社で、カールというとトップクラスの業績をあげていたエグゼクティブにコーチングをしたときのことだ。彼の経営スタイルは独裁的だった。偏執的で、厳格で懲罰的だった。彼はCEOのポジションを狙っていることをおおっぴらに公言していた。彼は自分の昇進のためにスタッフを容赦なく働かせた。彼の口癖は「数字を出せ」だった。彼の数字に異を唱えたり、現実的ではないと言ったりする人は切り捨てていった。忠実な部下に対して彼は「なんとしてでもやれ!」と怒鳴った。彼のチームが数字達成のために手っ取り早い方法を取り出したのは無理もない。不正ぎりぎり手前の行為から、明確に不正な行為へと、彼らは走った。カールがつくり出した環境の中では、彼らは道徳が崩壊したとは感じていなかった。唯一取りうる選択肢と見ていた。

やがて真実が明るみに出た。この不祥事で会社は何千万ユーロもの損失を被り、名声を損なった。カールは「部下に不正なこと、違法なことをしろと命令したことはない」と自己弁護した。彼が部下に命令する必要はなかった。彼のつくり出した環境がそうさせたからだ。

普段は親切に接する相手に対しても、環境が変わると1対1で接するときと異なる対応をすることがある。二度と会うことがないとでもいうように接して、友だちを友だちでなくしてしまうことがある。

何年か前のこと、ジャッキーという女性と、彼女の会社のCOOの360度フィードバック調査を見ているときに、仕事から離れて、彼女の仕事がいかに精神的に辛いものかとおしゃべりをしたことがある。ジャッキーは心の奥に秘めていた重荷を軽くしたそうに見えたので、私は話を聞いた。彼女は営業部の企業弁護士で、雇用問題が専門だった。本人の意思かどうかにかかわらず、会社を辞める営業幹部と退職条件を交渉することが彼女の仕事の一部だった。

「好きな仕事、とは言えないわ」と彼女は言った。「相手が会社人生でとても傷つきやすい状態になっているときに話さなくてはいけないの。たいていの人は、これからどうするか何も決められずにいる。私は彼らの側ではなく、会社の側に立って話さなくてはいけない」

ジャッキーは解雇を申し渡された1人の管理職について話した。彼女はその男性と大学で同級生だった。同じ会社で働くようになってまた仲よくなった。定期的に会って話し、ときには食事をともにしたりしていた。彼の退職に際して、その条件を細かく交渉するのがジャッキーの仕事だった。退職の条件は契約で決められており、かなり有利な条件だった。交渉すべき点は、彼が担当した顧客から今後得られるコミッションのうち、彼にいくら払い、会社がいくら取るかという点だった。はっきりとした理由はわからないが、ジャッキーは彼に厳しい態度で臨んだ。数週間、メールや電話でやり取りをして、ジャッキーはその男性が担当した顧客から得るコミッションのうち、会社の取り分が高い割合になるように、手練手管《てれんてくだ》の限りを尽くした。

最初のうち、なぜ彼女が私にそのことを話すのかわからなかった。「あなたはプロとして仕事をしただけでしょう」と私は言った。だが、彼女は明らかに自分の行動を思い出して嫌な思いをしていた。

「自分にそう言い聞かせているの」とジャッキーは答えた。「でも、彼は友だちだったのよ。思いやりがあって当然なのに、私は合計2万ドルのお金をめぐって議論をした。その程度のお金なら会社の収益には何の影響もない。だけど失業する友だちにとっては大きな金額だわ。私は、いったい誰に対していいところを見せようとしていたんだろう。会社にとってどうでもいいことだった。私のキャリアの中でいちばん悔やまれることだわ」

彼女に気の利いた慰めの言葉をかけてあげられればよかったのだが。しかし、これは10年前の話で、当時、環境の有害な力を私ははっきり認識していなかった。

もちろん、今はわかる。弁護士として、ジャッキーは敵対的になるよう訓練されていた。どうでもいい些細なことでも、議論して、交渉するのに慣れていた。ビジネスの環境では、誰が上り調子か、落ち目か、誰が取引で最後の10セントまで搾り取っているのかを見守っている。ジャッキーは自分も頑張っているところを見せたかったのだ。彼女の価値を会社に見せることができる。あいにく、その残酷な利益追求の環境がジャッキーを攻撃的にし、善悪の境を見えなくさせてしまった。プロの交渉人に徹しようという思いがあまって、彼女は未熟な人間として行動してしまった。

よい睡眠習慣をつくるために環境の影響を理解する

環境が、自分の利益に反する行動に出るよう導くことがある。高級ショッピング街でお金を使いすぎるのはそういうときだ。小売りの専門家が照明から室内の配色や通路の広さまで、巧みに設計し、私たちの欲望を最大限に引き出し、財布からお金がひらひら飛び出すようにしている。奇妙なのは、ショッピングモールの環境は、暗がりから出てくる泥棒のように突然私たちの前に出てくるわけではない点だ。私たちは過去の経験から、必要としない、あるいは欲しくもないものを買う衝動を引き起こすとわかっているのに、自ら選んでその環境に身を置くのだ（買い物リストを持たずに出かけたときには、そうなるのがほぼ確実だ。でまかせの、自制心の利かない消費に身を委ね、なんとなく手ぶらで帰るわけにはいかないと思ってしまう）。過剰消費で、私たちは自分でつくった罠にはまってしまう。カジノやオンラインショッピングの環境ではもっと安全性が下がる。とても賢い人たちが、客を長く滞在させて、金を使わせるにはどうすればいいか、そのことだけを考えて事細かに設計しているのだ。

操作が巧みで、略奪的な高級店の環境に比べれば、他の環境はまだマシだ。だが、私たちのためになるとは言えない。よく話題にされる、質のよい睡眠をとるという目標を考えてみよう。睡眠不足は国民病のようなもので、成人アメリカ人の3分の1が悩んでいる（10代では2倍の割合になる）。

睡眠をとるのは簡単なはずだ。

よい睡眠をとる**動機**がある。すっきり目覚めたい。だるい目覚めより爽快な目覚めを誰でも望むだろう。

どのくらい睡眠が必要かを私たちは**理解**している。基礎的な算数だ。翌朝早くから仕事がある、授業がある、そして6時間から8時間眠る必要があるのなら、逆算して11時には寝ようとか計算すればいい。

それに、自分で**コントロール**できる。睡眠は自分がすべて取り仕切る環境、すなわち自宅で、自分がコントロールする活動だ。何時に寝るかは自分が決める。部屋、ベッド、シーツ、枕といった環境も自分で選ぶ。

自分によいこととわかっているのに、どうしてしないのか。体によいとわかっている就寝時間よりも遅くまで起きていて、睡眠不足で爽快とは程遠い疲れた状態で目覚めるのはなぜか。

環境が行動を決めることについて基本的な誤解があるせいだと私は思う。ユトレヒト大学のオランダ人睡眠研究者は「就寝先延ばし症候群」と名づけている。私たちが就寝時間を延ばしてしまうのは、今の環境のままでいたいからだ。静かで快適な寝室に行くよりも、深夜映画を見る、テレビゲームで遊ぶ、台所を片づけるなど、今しているいることをやり続けようとする。いずれの環境を取るかの問題だ。

ところが、環境が選択にどう影響するかをよく理解していないから、正しい選択

（つまり就寝すること）ができない。私たちは惰性に流され、そのときにしていることをやり続けてしまう。よい睡眠は、疲れているからとるのではなく、よい習慣を身につけてとるべきものだということに気づいていない。もし環境のせいでよい睡眠の習慣が身についていないと理解したなら、行動を変えればいい。今していることをやめる。携帯、iPad、パソコンの電源を切り、寝室からテレビを追放する。そして計画どおり就寝すればいい。

運に任せず、自制心を働かせて、悪い習慣をやめ、よい習慣を身につけて行動を変えることを学ぶにはどうすればよいか、それが本書の中心テーマであり、読者にお約束することだ。

だがまず、もう1つ悪い知らせを伝えておこう。私たちの環境は静止しているわけではない。日々刻々と変わる。標的が動くから外しやすい。

私たちが環境というとき、私たちの行動に大きな影響を与える広範な世界――家族、仕事、学校、友人、同僚、自宅の周辺、勤務地を考えるのが普通だろう。私たちは何者かを思い出させるために名前がついてはいるが、国境のない国家のようなもので、私たちの決断や行動に何ら影響を与えないものと捉えるのではないか。

そうだといいのだが。

私が関心を寄せる環境とは、実際にはもっと小さく、具体的なものだ。それは**状況**に依存するもので、ものすごく活発な変幻自在の妖怪だ。新たな状況が現れると、誰が、何を、いつ、どこで、なぜといったことが変化して、新しい環境に囲まれる。そして目標、計画、誠実な行動がリスクにさらされる。それは単純な動きだ。環境の変化が私たちを変える。

自宅で自分と子供たちのためにゆっくり朝食をつくり、子供たちを学校に送ってから仕事に出かける母親は、オフィスに着くなり、会社の創業者が主催する重要な予算会議に向かって歩いていく人と同一人物ではない。同じにはなりえない。家庭では、彼女は自分の領域でいわばボスだ。そして大きな責任感を持つリーダーとして、家族の世話をし、彼女の言うことを家族が聞き、敬意を示すことを期待する。オフィスは異なる環境だ。自宅にいるときと同様、自信に満ちた有能な人物であることに変わりはない。だが、故意にかどうかは別として、彼女は会議では行動を調整する。彼女は権威に敬意を払う。同僚の言葉やボディランゲージに注意を払う。そして、状況に応じて職場での1日は過ぎていく。環境が変われば彼女も変わる。

彼女の行動で、本来の彼女でないものは何もない。仕事の場で生き延びるには必要な戦略だ。とりわけ自分が状況を完全にコントロールできないときには。

この女性が会社のトップにあったとしても何の違いはない。リーダーも環境に合わせて行動を変える。ある大手建設会社のトップが話してくれた。防衛関係の請負業者として政府の仕事をしているが、契約ごとにセキュリティレベルが異なるから、社内で情報共有するにあたり、ものすごく慎重にならなくてはならない。連邦政府から、部門ごとに彼女が話してよい情報を分けるように要請されている。センシティブな情報をこちらとは共有できるが、あちらとはできないというように。その結果、彼女は環境と行動の関係に過度なほど注意を払っている（そうしなければ、彼女の会社が打撃を受けるだけではない、彼女は刑務所行きになってしまう）。

ちなみに、典型的な1日だと環境の変化に応じてどのくらい行動を変えるか、彼女に尋ねてみた。9回と彼女は答えた。オフィスのスタッフの前ではCEOとして行動し、PRのイベントでは講演者、設計の専門家の前ではエンジニア、見込み顧客の前では営業ウーマン、業界団体の訪問を受けるときには外交官といった具合だ。法律によってここまで注意を求められる人はあまり多くない。

クライアントに個別のコーチングを行うのは、環境のうち、この状況的側面の部分だ。とても優秀な人たちだから、1日のうちで状況がそのつど変化することを知らないわけではない。だが、彼らのレベルでは――10人のうち9人は、組織でいちばん力を持つ人たちだ――環境がどう悪くなっても、自分はそれに影響されないと思いがちだ。激しく思い違いをしている場合には、彼らは環境にコントロールされているのではなく、自分たちが環境をコントロールしていると思い込む。「最高なんとか責任者」という肩書きをもつ人たちは1日中、恭順、へつらいに囲まれているから、そのように誤った考えをもつのも理解できるところだ。よしとはしないが理解はできる。

たとえば、2008年に私はロンドンのナディームというエグゼクティブのコーチを依頼された。彼はパキスタンに生まれ、子供の頃イギリスに移住し、ロンドン・スクール・オブ・エコノミクスを卒業し、ある大手消費財メーカーのトップ5に入るまでに上りつめていた。ナディームは、CEO候補者に目される急成長株の人材が持つ長所をすべて備えていた。聡明で、親しみやすく、よく働き、そして直属の部下から尊敬されている（彼の場合「愛されて」いると言えるほどだ）。だが、いい人だという評判から時折、異なる一面がのぞいていた。CEOはそれを取り除いてほしいと私に依頼してきた。

神経に触る人というのがいて、そういう人に接すると嫌な行動をしてしまうことがある。それは誰にでもある。そういう人に接すると、私たちはとげとげしい、意地悪、けんか腰、失礼な態度をとって、いつもと違う態度をしょっちゅう詫びることになる。

だが私たちは、逸脱した行動の原因をそのような人々のせいにすることはほとんどない。ナディームも同様だった。彼の同僚に話を聞くと、必ず指摘されることがあった。ナディームは素晴らしい奴だが、最高マーケティング責任者（CMO）のサイモンと同席する会議ではいつものクールさを失ってしまう。

私はナディームにサイモンのどこが問題かを尋ねた。「彼は人種差別する」と彼は答えた。

「それはあなたの意見ですか？　それとも裏づけする証拠がありますか？」と私は尋ねた。

「それは私の意見でしかないが、私がそう感じるのなら、それは事実でしょう」

私が集めたフィードバックによれば、サイモンは会議でナディームをいじめるのが大好きだということだった。それは人種差別ではなかった。サイモンはイギリスの特権階級に生まれエリート校を卒業した、文句なしの「上流階級の人間」だった。彼は尊大な態度をとり、棘《とげ》のある発言をする傾向があった。辛辣な態度は、周りの人に彼の出自を思い出させ、他の人を貶めることで自分をもち上げようとする彼のやり方だった。彼は一緒にいて楽しい男ではないが、偏屈者というわけではなかった。

ナディームはサイモンに過剰反応をしていた。サイモンが会議で彼にたてついてくると、パキスタン人としてイギリス人に対する人種的な憤り、緊張関係を何十年もの間感じていたナディームとしては、引き下がるわけにはいかないと感じられた。

「彼になめられたら、私が弱く見えてしまう」とナディームは言った。そこで彼は戦い返したわけだ。

ナディームにとって、それは人種差別の問題だったが、そう受け取っていたのは彼だけだった。声を大にしてチームワークの重要性を説きながら、ナディーム本人は実行していないと彼の同僚は見ていた。ナディームはまやかしだとレッテルを張られた所以だ。

私の仕事は、ナディームに次のことを認識させることだった。

- ■彼の行動は彼にプラスに働いていない
- ■それはサイモンがいるときに限られている
- ■サイモンが食ってかかると始まる
- ■サイモンが変わることは期待できないから、彼が変わらなくてはならない

彼の行動はサイモンがトリガーとなる状況に依存するということは、ナディームに

とって目から鱗《うろこ》の発見だった。「サイモン環境」（とナディームは呼ぶようになった）に身を置いたとき、彼は厳戒態勢に入った。彼はそれほどまでに注意をしたことがなかった。だが、迅速に改善するためには不可欠なことだった。

ナディームについては第20章で再び取り上げ、彼がどのように行動を変え、同僚や災いの元凶、サイモンから敬意を得るに至ったかを詳しく見る。ナディームの驚くべき告白など、それは励みになる話だ。（ネタばれにならないように注意しなければならないが）行動を変えると得られるもっとも重要な効用をそっくり含んでいる。

だが今のところは、ナディームが苦労して理解したように、環境は常にトリガーとなるということをしっかり受け止めて頭に叩き込んでおくにとどめよう。私たちが環境をつくりコントロールしなければ、環境が私たちをつくり出し、コントロールする。その結果、自分で自分だとは思えないような人物に変わってしまう。

4 トリガーを定義する

フィードバック・ループでスピード違反行為も減った

ナディームのコーチの立場で、私は彼の同僚や直属の部下から彼の行動をありのままに聞くことができた。ナディームの立場では得られない貴重なフィードバックを多く集めた。

インタビューをする相手は、たいていが礼儀正しく優しい人たちだから、最初は少しプッシュする必要がある。同僚の気持ちを傷つけたくない、こそこそしたくないと思うからだ。私が間に入って匿名性を担保するにもかかわらず、仕返しを心配する人もときにはいる。だが徐々にこのやり方はみんなにとってよいことだと気づき、真実を話してくれるようになる。

インタビューでは、私がコーチをする人の態度や行動を尋ね、直接経験したことをよいことも悪いことも話してもらう。その行動に至らせた環境について言及する人はほとんどいない。私は情報を得ようとしてプッシュする必要がある。

そのような行動をするのは、どういうとき？　誰に対して？　なぜ？

やがて役に立つ情報が手に入る。「プレッシャーのかかったとき」「締切が近づいたとき」「やることが多すぎるとき」などの状況では悪い態度をとる、と話してくれるようになる。そして彼らも、環境がいかに大きく態度に影響を与えるかがわかってくる。*

ナディームのフィードバックがまさにそれだった。彼の同僚はナディームが会議で身構える様子を話してくれた。だが、それはサイモンのいるときに限られるということは、しつこく質問をして初めて明らかになった。

フィードバックは——与える側にとっても受ける側にとっても——環境と私たちの態度との関連性の理解を深め、もっと意識するようにさせる最初のステップだ。フィードバックのおかげで、環境をトリガーとして見られるようになる。フィードバックそのものがトリガーになることもある。

たとえば、自動車を運転しているとき、フィードバックを無視するのはなぜか、望ましい態度に仕向けるフィードバックがごくわずかなのはなぜかを考えてみよう。制限速度が時速55マイルの田舎道を走っていると、ある村に近づいてきた。村まで数百メートルのところで「この先、時速30マイル制限」という標識があったので村が近いことがわかったのだ。標識はたんなる警告で、速度を落とせとは言っていない。そこで速度を落とさずに走る。30秒後、村に入ると標識は、「時速30マイル制限」とある。あなたはそれに従うかもしれないが、たいていの人は同じ速度で走り続ける（あるいは少し速度を落とすかもしれない）。自動運転装置を55マイルに設定してあるので、その設定を変えるよりもそのままにしておいたほうが楽だからだ。パトカーが自動車のスピードを監視しているのがわかったら、規定どおり30マイルで走るだろう。警官にスピード違反のチケットを渡されたらありがたくない結果となるからだ。

市民の命を脅かすスピード違反に対して先進国は対策を求められている。私の住むサンディエゴの北のあたりでは、時速制限65マイルのサンディエゴ・フリーウエイを

＊もちろん、取材を受ける側がその考えを論理的に発展させ、自分自身に当てはめることはほとんどない。少なくとも彼ら自身に関してではない取材を一度受けただけでは。

降りたあと、商店街の大通りは時速45マイル、通学区域と住宅街では30マイルに減速するようにという交通標識があったが、みんな無視していた。何をやっても効果がなく、スピード違反を取り締まる警官の数を増やしても効かなかった。

そこで町はレーダー・スピード表示器（以下、RSD）を導入し、速度標識の下に「あなたの速度」が表示されるようになると、初めて効果が表れた。あなたもRSDを学校の付近や、料金所の手前で見たことがあるかもしれない。飛ばし過ぎですよとRSDが表示したら、あなたはすぐさまブレーキを踏むだろう。センサー技術のコストが下がるにつれ、RSDは広く採用されるようになり、その有効性と信頼度が高まってきた。RSDのおかげで制限速度を守る人の割合は30％から60％へと高まった。その効果はRSDを過ぎてもしばらくは持続する。

レーダー・スピード表示器は別名「ドライバー・フィードバック・システム」と呼ばれるが、それが機能するのは、行動理論でよく知られた「フィードバック・ループ」の理論をうまく取り込んでいるためである。RSDはドライバーの行動（つまり速度）を計測し、その情報を瞬時にドライバーに伝え、反応を促す。これは行動・情報・反応のループである。反応が計測されると、新たなループが始まり、次々と続いていく。RSDをちらっと見ただけでドライバーの行動がすぐさま変わることを見ても、人の行動を変えるのに、フィードバック・ループには大きな効用があることがわかる。

フィードバック・ループには「証拠」「関連性」「結果」「行動」の4段階がある。これを認識すれば、ループを利用したレーダー・スピード表示器がなぜかくも有効なのかが理解できる。ドライバーは瞬時に速度データを得る（証拠）。制限速度が一緒に表示され、法律を順守しているか違反しているかが示されるから、その情報はドライバーの注意をひく（関連性）。スピード違反を認知すると、ドライバーは違反切符を受け取るかも、誰かを傷つけるかもと不安になる（結果）。そこで、減速する（行動）。

個別の対面コーチングで、私は基本的にはフィードバック・ループを開始することから始める。たとえばナディームとの第1段階は、彼に**証拠**を見せることだった。私はまず聞き取り調査で集めた情報を彼に示した。彼の態度に関する話は、ナディームの心に響いた。それが彼の尊敬する人たちから出た言葉だったからだ。それは明確に**関連性**のあるものだった。ループの第3段階、**結果**は、言うまでもなく明らかだった。サイモンと一緒にいるときの態度を変えなければ、ナディームが標榜するチームワークを実践していないことになり、彼のキャリアが損なわれる恐れがある。それは難しい選択ではなかった。証拠・関連性・結果がしっかりナディームの頭に叩き込まれると、彼は明快に行動でループを閉じようとした。サイモンがちょっかいを出してきても無視をする。サイモンと口論したい気持ちを抑える。サイモンに打ち勝ち、同僚の敬意を取り戻し、評判を挽回する。サイモンに対して行動を抑制するたびに、ナディームは少しずつ改善し、正しい方向に進んでいることに自信をつけ、同僚に好ましい印象を与えていった。新たなループが始まり、直前の行動が次の行動へとつながり、ナディームは目標に少しずつ近づいていった。

このように、フィードバックは望ましい態度に導くトリガーとなる。フィードバックを証拠・関連性・結果・行動の4段階に分解すれば、世界が違って見えてくる。突然、よい態度や行動が偶然生まれるものではないことを理解する。それは論理的だ。パターンがある。納得がいく。コントロールできる。繰り返し行うことができる。肥満体の人が、真剣に生活スタイルを変えないと糖尿病で死ぬか、盲目になるか、あるいは四肢を失うことになるだろうと医師から言われると、ついに、そしてすぐさま、食習慣を変えるようになる。死、盲目、身体一部切断は私たちの理解する結果であり、無視することができないからだ。

あまりフィードバックの理論に深入りしたくはない。複雑で、ほとんど何にでも応用できるからだ。光合成は太陽と植物の間のフィードバック・ループである。ハイブリッド車のオーナーが、ダッシュボードのガソリン消費表示画面を頻繁にチェックして燃費効率を最高にするように運転するとしたら（そういう人は「燃費向上マニア」と呼ばれる）、車とフィードバック・ループにあると言える（私と私のフォードC-Maxのように）。冷戦時代の軍備競争で、東と西が互いに負けずに兵器を増やし続けたが、これは史上もっとも高くついたフィードバック・ループだったと言えよう。

6分類のトリガー

本書では、環境と私たちの行動の間のフィードバック・ループに限定して見ていこう。

トリガーの点から見ると、環境はフィードバック・ループに類似する可能性がある。環境は、有意義で結果をもたらし、私たちの態度を変える新しい情報を常に提供してくれる。だが似ているのはそこまでだ。よく考えられたフィードバック・ループは望ましい態度のトリガーとなる一方、環境は悪い態度を引き起こすことも多い。しかも気づかないまま、私たちの意志に反し、正しい判断に反して、変えてしまう。私たちは知らずに変化してしまう。

となると必然的に（私には必然的だが）次の質問が頭に浮かぶ。**環境をコントロールして、もっとも望ましい行動を引き起こすトリガーとなるようにしたらどうなるか？——きれいに設計されたフィードバック・ループのようにしたらどうだろう。**目標達成を妨げる代わりに、環境は私たちの背中を押してくれるだろう。周囲に鈍感にならずに、意識を研ぎ澄ますようになる。自分の殻に閉じこもるのではなく、心を開くようになる。

そうするために、まずは、**トリガー**の定義を明確にする必要がある。

行動のトリガーとは、行動に影響を与える刺激をいう

これは広義の定義だが、トリガーがどのように行動に影響を与えるかをよりよく理解するために、いくつかの分類を見ていこう。

1 直接的トリガー vs 間接的トリガー

直接的なトリガーは、行動に即座に影響を与える、明確なものである。トリガーとなる事象と反応の間には何も介在しない。幸せそうな赤ちゃんを見れば、微笑む。子供がバスケットのボールを追いかけて道に出てあなたの車の前にやってくれば、瞬時にあなたはブレーキを踏む。**間接的なトリガー**は、行動に影響を与える前にもう少し遠回りする。家族の写真を見ていろいろな思いに捉えられ、妹に電話をしたくなるといったものだ。

2 内的トリガー vs 外的トリガー

環境の**外的なトリガー**は、私たちの五感と心を攻撃する。**内的なトリガー**は外的な刺激とは関連のない思考や感情からもたらされる。人は「内なる声」と呼ぶ内的なトリガーを抑えるために瞑想する。同様に、1人で問題に思いをめぐらしているときにどういうわけか頭に浮かぶアイデアも内的トリガーで、あなたを行動に駆り立てる。どうして出てきたのかはわからないかもしれないが、行動を促すのであれば、それは外的な刺激である。

3 意識的トリガー vs 無意識的トリガー

意識的なトリガーは、認識を伴う。熱い鉄板に触ったとき、指をぱっと離す理由はわかる。**無意識的なトリガー**は、意識を超えて行動に移らせるものだ。天候を人はよく話題にするが、それが人の気分に与えるトリガーになることは通常意識しない。「あなたはどのくらい幸せですか?」という質問を快晴の日に尋ねると、嫌なお天気の日に質問するときと比べて、幸せのレベルが高いと答える人が多い。だが、天気で評価が左右されているかと聞かれれば、たいていの人は否定する。天候は彼らの評価を変える無意識的トリガーであり、彼らは認識をしていない。

4 予想できるトリガー vs 予想できないトリガー

予想できるトリガーははっきりわかる。たとえば、スーパーボウルの開会に際し、国歌を聞くと、歌が終われば騒々しい歓声が聞こえてくると予想する。歌は予想どおりの反応を引き起こす（別の方向に働くこともある。屈辱的な言葉は人の怒りを呼び起こすとわかっているから使わないようにしようとする）。**予想できないトリガー**は、不意に起こる。その結果、馴染みのない行動を引き起こす。友人のフィルは階段から転げ落ちる事態を予想していなかった。だが、それによって変わりたいという強い気持ちを持つようになった。

5　後押しするトリガーvsやる気を削ぐトリガー

後押しするトリガーは、やっていることを継続する、あるいは拡大するように背中を押してくれる。強める。疲弊したマラソン選手はゴールが見えると励まされて走り続ける、あるいはスピードを上げる。競争相手が隣に現れ、追い越そうとするのが見えたときも同じだ。**やる気を削ぐトリガー**はやっていることをやめたり、減少させたりする。劇場でおしゃべりをしているとき、周りの聴衆から「シー」という声が聞こえると、周りに迷惑をかけていることに気づく。そしておしゃべりをやめる。

6 生産的トリガーvs 非生産的トリガー

これはもっとも重要な分類だ。**生産的なトリガー**は、なりたい自分に向かうよう後押しをしてくれる。**非生産的なトリガー**は遠ざけるように働く。

トリガー自体には本質的に「よい」も「悪い」もない。重要なのはそれに対してどう反応するかだ。よかれと思って支援してくれる両親は、ある子供にとっては前向きな自分のイメージを築くトリガーとなる。だが別の子供には「息苦しく」感じられる。2人以上の子供を持つ親ならよく知っていることだ。等しく献身的に愛情を注ぎ世話をしても、1人の子供は感謝し、別の子供は反抗する。同じ両親、同じトリガー。だが、異なる反応が生じる。

この理由を完全に理解するには、トリガーの最後の2つの分類、後押しするかやる気を削ぐか、そして生産的か非生産的かをもう少し詳しく見るといいだろう。それは**欲しいもの**と**必要なもの**との間の永遠の対立を表す。私たちは短期的な満足を求めつつ、長期的な効用も必要とする。どちらを選べばいいのか、その選択から解放されることはない。それは行動を変えようとするときに決定的な対立となる。そこで定義を書くこととしよう。

何が後押しするトリガーとさせるのかを定義しよう。ある人にとってのご馳走は別の人には毒になる。ロッキー・ロードのアイスクリームが突然出されると食べたいという欲求が引き起こされるが、乳糖を受けつけない人は、うんざりする。

同様に、何がトリガーを生産的にするか定義する。金銭的な安定が欲しいと誰もが言う。それは誰もが望む目標だ。だが、年末にボーナスをもらうと、銀行に預金をする人もいれば、週末にギャンブルで使い果たしてしまう人もいる。同じトリガー、同じ目標。だが、反応は異なる。

永遠に対立する欲しいものと必要なもの

この対比を次頁のような図「**トリガーのマトリックス**」にまとめてみよう。後押しするトリガーは、私たちが欲しいと思うものへと導く。生産的トリガーは、私たちが必要とするものへと導いてくれる。後押しするトリガーと生産的トリガーが同じであればどんなによいか。そうなることもある。それが理想だ。残念ながら、私たちが欲しいと思うものは私たちが必要とするものから引き離してしまうことが多い。もう少

トリガーのマトリックス

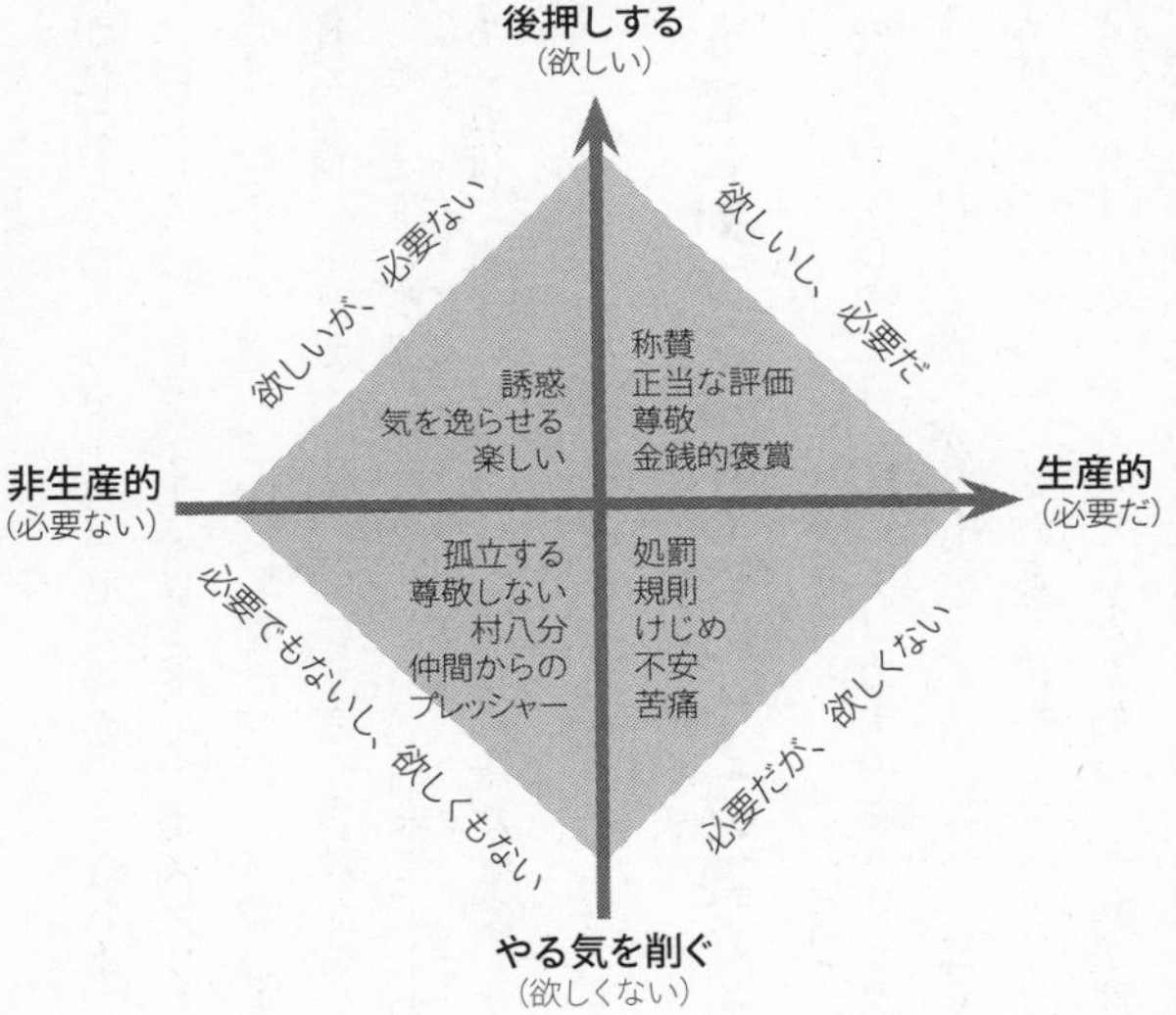

し詳しく見ていこう。

欲しいし、必要だ

右上の象限は常にいたいと望む場所だ。後押しするトリガーと生産的トリガーが交わり、欲しいと思う短期的満足と必要とする長期的達成が一致する。称賛、正当な評価、尊敬、金銭的褒賞がよくあるトリガーである。ここで今もう少し努力しようと思うと同時に、目標に向かって引き続き頑張ろうという気持ちが強まる。今すぐ欲しいし、将来にも必要とするトリガーだ。

欲しいが、必要ない

後押しするが非生産的トリガーの矛盾した効果は、左上の象限ではっきり見えてくる。楽しいので、目標達成が邪魔される。勉強しなければならない、課題をやり終えなくてはならない、あるいは就寝する時間だというのに、1シーズンか2シーズン分のテレビ番組をネットフリックスでたっぷり観た経験はないだろうか？　だとしたら、魅力的な気を逸らせるものが自己破壊的な道へのトリガーとなることをよく知っているだろう。短期的な満足を得るために目標を犠牲にしてしまっているのだ。上司に褒められたり、顧客によくやっていると言われたりして、それをちょっと手を抜く口実にしたことがあれば、励ましの言葉が人を向上させるのではなく後退させてしまうこともあることがわかるだろう。

必要だが、欲しくない

右下の象限は、欲しくはないが必要だとわかっている、嫌になるような厄介なトリガーの寄せ集めだ。

規則（あるいはきちんと組織された環境）は特定の行動を排除するために存在するから、制限的に働き、やる気を削ぐ。だが、規則に従えば正しい行動ができるから、必要だ。

最初はそう思わないとしても、規則は正しい方向へと導いてくれる。

恥をかく、罰則を受ける、報復、後悔、軽蔑、村八分などの不安は、やる気を大きく削ぐトリガーだが、規則を守らなかったあとに生じることが多い。人前でずっと上の上司から叱りつけられたら、二度と繰り返したくないと思うだろう。これは長期的目標を守ろうとする強い動機となる。

ひねりのきいた罰則方法もここに入る。私はクライアントが皮肉な批判的なコメントをしたら20ドルの罰金を取ることにしているが、これはやる気を削ぐトリガーだ（2ドル手に入れるよりも1ドル失うほうを嫌うという損失回避のコンセプトだ）。これは生産的な行動を引き起こす目的でもある（つまり、もっといい人にさせようという意図だ）。

言うまでもなく、苦痛はもっともやる気を削ぐトリガーだ。痛みがあれば人はすぐさまその行動をやめる。

必要でもないし、欲しくもない

左下の象限は、トリガーがやる気を削ぐと同時に非生産的で、望ましくない状況だ。行き詰まりの状況で惨めな気持ちにさせる。しかもそこから脱出する手立てが見えない。劣悪な職場環境、凶暴な近隣住民など、目標から私たちを遠ざけ不健康な行動に追いやるような環境だ。このような不快な環境が、疲労、ストレス、無気力、無力感、孤独、怒りの気持ちを引き起こすことは何の不思議もない。ただ不思議なのは、どうしてさっさと逃げださずにそこに留まることを人が選ぶのかだ。

これらの象限を私は厳格に捉えることも、拘泥することもしない。人の経験はあまりにもさまざまで流動的だから、理論的な枠組みに当てはめきれない。トリガーの中には、私たちがどう反応するかによって、いくつかの象限にまたがるものも、急に変化するものもあり、悪い象限からよい象限へと動かすものもある。仲間からのプレッシャーのトリガーを考えてみよう。一生懸命勉強して大学に行きたいと励んでいる向学心に燃える10代の若者が、怠け者の同級生にからかわれ、仲間外れにされてしまう。仲間のプレッシャーに負けて目標達成のやる気をなくしてしまったら、彼は好ましくない左下の象限に移ってしまう。逆に、仲間のプレッシャーをはねのけ、仲間外れにされても耐えたなら、孤立したおかげでもっと集中し、決意をさらに強める。彼は必要な自己規律を身につけることができる。このトリガーは短期的に不快であっても、右下の象限に移るのに必要な一押しとなってくれる。同じトリガーと目標が、異なる反応と結果をもたらす。

先の図はクライアントの分析に役に立つ。彼らの人生でどういうトリガーがあったのか整理することができる。少なくとも、それによって身の回りの環境に今まで以上の注意を払うようになる。さらに重要なのは、彼らが生産的な象限で行動しているかどうかを明らかにする点だ。マトリックスの右側は、成功した人たちが行動改善の目標に向かって進み、いたいと望む位置だ。

ダイエットを成功させるトリガーを探せ

さて、あなたの番だ。次のささやかな課題をやってみてほしい。

■ **あなたが直そうとしている行動改善目標を1つ選ぶ**——スタイルをよくしようとか、親としてもっと忍耐強くなろうとか、厚かましい人にもっと断固とした態度をとるとか、誰でもいくつかもっているはずだ。

■ **あなたの仕事の質に影響を与える人や状況を書き出す**——何百、何千という脳に訴える刺激があるはずだが、1日の中で出てくるトリガーをすべて書こうとしてはいけない。それではやりすぎだ。ある特定の目標に関連する1つか2つのトリガーに限るように。次に、それを定義する。後押しするものかやる気を削ぐものか。生産的か非生産的か？

■**トリガーをマトリックスに書き入れ、あなたは右側にいるかどうかを見る**——目標未達でいるのなら、この簡単な作業でその理由がわかるだろう。あなたは欲しいものばかり得ようとして、必要なものは十分に得ようとしていないということだ。

あなたの職場ですごく親しい友だち、日に何度も机のところにやってきたり、仕事帰りにちょっと一杯寄っていこうと頻繁に誘ったりする友だちは、家に帰って子供たちと過ごそうとするのを邪魔するトリガーだったと気づくだろう（そういう友人は、しばらく「クビ」にする必要がある）。しょっちゅう早朝の運動をさぼるのは、朝フェイスブックやメールをチェックして時間を無駄にしているからだと気づくかもしれない。あなたは運動を必要としているが、そうではないことをやりたいと思っていることが明らかだ（運動するのに朝の時間が最適かどうかを考え直す必要がある）。

この作業をすることが、①あるトリガーについてよく理解できる手助けとなり、②行動の成功と失敗に直接結びつけて考えるヒントになればいいと思っている。

私自身これを実行している。たとえば、世の男性の半分と同様、あと5キロ体重が減ればもっと幸せになれると思っている。30年間そう思っている。それなのに、このあと5キロに対して何もしてきていない。なぜ、なりたい自分になれないのか?

トリガーのマトリックスが答えを教えてくれる。

私には目標に向かって背中を押してくれる、後押しするトリガーがない。体重のことは妻のリダにだけ話す。だが、そうすると彼女は「あなたは大丈夫よ」とポジティブに請け合ってくれる。励みになる言葉だが、私を正しい方向に導いてくれる類のものではない。彼女は私をいい気分にさせるために嘘をついているわけではない。私は太り過ぎではないし、太り過ぎたこともない。スーツのサイズも腰回りも、この何十年と変わっていない。彼女は、私の体重は「まあ、いいんじゃない」と言ってくれる。そこで私は自分に言い聞かせる。「彼女の言うとおりだ。誰も気づかないのに5キロのためにわが身を責めたてる必要があるのか?」その結果、私は何もしない。現状維持にあぐらをかく。

私には目標に向かうのをやめさせようというトリガーもない。このあと5キロのところで私に恥をかかせる人も、罰しようという人もいない。この目標に向けて尻を叩くようなルールも罰金も決めていない。マトリックスの右側には私はいない。だが、右側こそが行動改善を達成するための位置なのだ。

こう考えて、自分自身がマトリックスの誤った位置にいることを認識するのは、ささやかながら惨めな教訓で、トリガーが問題になるのは私の反応が問題なときだけだと思い出させられる。5キロ減らすために、必要とするものより欲しいものを選ぶ左上の象限から脱出するかどうかは、私次第ということだ。私の選択、私の責任だ。行動改善達成という難題を解決するわけではないが、正しい方向に踏み出す最初の一歩だ。

いかに極端な環境下であっても、行動や態度を改めようとするとき、私たちには常に選択肢があることをときどき思い出させてくれる。それが必要なのだ。これがトリガーを割り出し、定義する最大の成果かもしれない。

5 トリガーはどう働くか

小さな禁煙の習慣を行動改善に進化させるには？

私たちには常に選択の自由がある。しかし、ことトリガーとなると、またそれに対する私たちの反応となると、そう簡単には言い切れない。**トリガーと反応**の言葉には、その間に何も入らずAからBへと直線で繋がり、躊躇、熟考、選択などの入り込む隙のないように聞こえる。はたしてそうだろうか？　私たちはそんなにたやすくトリガーに動かされるものだろうか？　実際のところ、トリガーはどう作用するのだろう？トリガーと行動のあいだで動くものはあるのか？　あるとすれば、それは何か？UCLAで博士号を取得しようとしていた頃、児童の問題行動を解明するための標

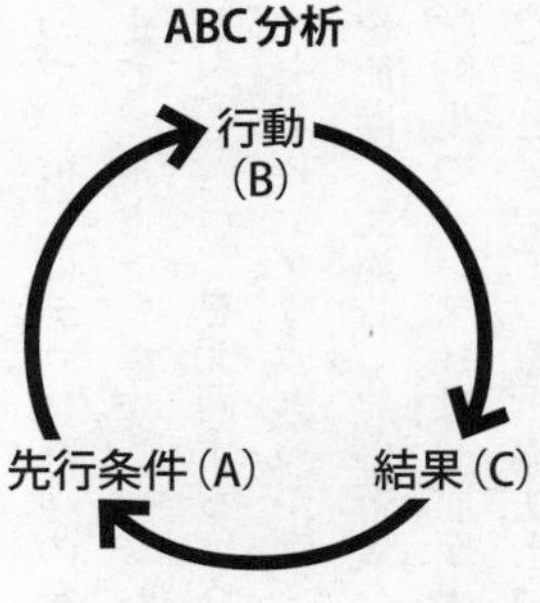

準的な手法は、ＡＢＣ分析と呼ばれていた。**A**ntecedent（先行条件）、**B**ehavior（行動）、**C**onsequence（結果）の頭文字をとったものだ。

先行条件は、行動を引き起こす事象である。行動は結果を生み出す。教室でよく見られる例をあげよう。ある生徒が先生から与えられた課題に取り組む代わりに、絵を描いている。教師はその子に早く課題を終えなさいと言う（この要求が先行条件である）。子供は癇癪《かんしゃく》を起す（行動）。教師はそれに反応して、子供を校長室に連れていく（結果）。これがＡＢＣ分析だ。**教師の要求が子供の癇癪へ**、そして**校長先生こんにちは**。これがわかり、何回か同様のことを繰り返し経験すると、教師は子供の行動は授業の課題を回避するための策略だと結論する。

『習慣の力』という興味深い本の中で、著者チャールズ・デュヒッグはＡＢＣ分析を、習慣を破り新たな習慣を作るために応用している。**先行条件**、**行動**、**結果**の代わりに、彼は**きっかけ**、**ルーチン**、**報酬**という言葉を使う。この3つの要素は習慣のループとして知られる。喫煙は、ストレス（きっかけ）、ニコチンの刺激（ルーチン）、一時的な精神的満足（報酬）からなる習慣ループである。タバコをやめようとすると体重が増えることが多い。それはルーチンとなっているニコチンを、食べ物で代用するからだ。そうすることによって、彼らはデュヒッグの習慣を変える鉄則に従っている。きっかけと報酬はそのままで、ルーチンを変える。だが、そのやり方はまずい。腕立て伏せ（体を使うことならなんでもいい）を30回するほうが、食べる量を増やすよりずっと効果的だ。

デュヒッグは、きっかけ・ルーチン・報酬のループが実際に機能する生々しい実例を簡潔に記述し、悪い習慣を打ち破るのにどう応用すればよいかを例示している。大学院生のマンディは、血が出るまで習慣的に絶えず爪を噛《か》む。彼女はこの習慣をやめたいと思っている。療法士は、マンディが指に少しでも緊張を感じると指を口に近づけることを引き出した。その緊張は退屈すると表れる。それが合図だ。指への緊張は退屈によってもたらされる。爪を噛むのは退屈と戦うルーチンだ。肉体的な刺激、とくに10本の指の爪を痛いと感じるところまでかじって完全性を感じることがマンディの報酬である。彼女がそれを強く必要とするためにそれが習慣となる。

療法士は、インデックスカードを持ち歩き、指に緊張を感じるたびにチェックマークをカードに書くよう指示した。1週間後、療法士を再訪したとき、カードには28のチェックマークが並んでいた。だが、指を口にもっていくきっかけについて、彼女は正しい知識を得た。そして、ルーチンを変える準備ができた。療法士は彼女に「競合する反応」を教える。この場合、手をポケットに入れる、鉛筆を握るなど、指が口に行かないようにすればなんでもよい。やがて、マンディは腕をさするか、机を拳で叩くことで、指を噛んで肉体的な満足を得る代用を身につけた。きっかけと報酬は変わらない。変わったのはルーチンだけ。1カ月後、マンディは完全に爪を噛むのをやめた。身を傷つける習慣を害のないものに置き換えたのだ。

デュヒッグの習慣ループの第1と第3に関して反論する気はない。**先行条件と結果**、**きっかけと報酬**、**刺激と反応**、**原因と効果**、**トリガーと結果**。どんな用語を使おうとかまわない。私は真ん中の部分――ルーチンに関しては修正したい。習慣ループでは、きっかけに気づきさえすれば、自動的に適切な行動で対応できるように聞こえる。

習慣に関してはそれでいい。だが、対人関係の行動を変えるにあたっては、**他の人**というもう1つ複雑な要素を加える必要がある。私たちはトリガーに対して、自動的に何も考えず習慣的に反応するわけではない。思いやりのある人間として、私たちの

トリガーと行動の関係

行動に他人がどう反応するかを考えざるを得ない。爪は、私たちが噛もうが噛まずにいようが気にしない。グラスに注がれたワインは、私たちが飲もうが断ろうが気にしない。タバコは、私たちが吸いたくてたまらないと思おうが無関心だ。だが私たちが生活で接する人々は、私たちの最初の不愉快な衝動（たとえば無礼、残酷、激怒など）に屈するか、その衝動を抑えてもっとよい方法を選ぶかどうかをものすごく気にする。人がかかわってくると、たんなる習慣に行動を委ねるわけにはいかない。利害関係がずっと大きくなるから、習慣的にするのではなく柔軟に対応しなければならない。ニコチンが欲しくてタバコを吸う誘惑に負けても、私自身を傷つけるだけだ。私が子供にカッとなったら、子供を傷つけることになる。

行動や態度を改善することに関しては、先行条件、行動、そして結果の順番に修正を提案したい――認識すること、そしてごくわずかな時間立ち止まることを間に入れたい。

修正後は右の図のようになる。

瞬き3回ほどの間に、**衝動→認識→選択**をする。トリガーとやがて引き起こされる行動との間に入る重要な間隔だ。この間隔はあまりにも短いので、私たちが「行動」と見なすものと切り離せないことがある。だが、経験と常識から、それが現実にあることがわかる。

些細なことほど非生産的なトリガーにつながる

トリガーが引かれると、一定の方法で行動したい衝動に駆られる。大きな衝突音が聞こえると、身を守るためにとっさに首をすくめるのはそれが理由だ。もっと賢明で、注意深い人は、急いで逃げ場を求めて走り出さない。音を聞き、周りを見回して何が起きたのか、もっと心配すべきことがないかを見る。同じトリガーが異なる反応を呼ぶ。1つは自然で性急なもの（言い換えれば衝動、とっさの衝動に従うこと）、もう1つは一瞬立ち止まり、考え、よりよいオプションのほうに動く反応。私たちは、針でつつかれると身をよじる反応をする原始的な〝ナマコ〟ではない。私たちには脳みそがある。考えることができる。衝動を抑えて一瞬立ち止まり、その衝動に従うべきか無視すべきかを選ぶことができる。何も考えず習慣で動くのではなく、知性とエンゲージメントの証拠として選択をする。言い換えれば、私たちは注意を払っている。

一例を挙げよう。2007年に私は、アメリカの朝のテレビ番組「トゥデイ」の週末版にゲスト出演し、レスター・ホルトからインタビューを受けた。カメラの前の時間はものすごく速く感じられるもので、6分が60秒のように感じられるとゲストは事前に注意される。それは本当だ。インタビューはうまくいった。実際すごく楽しかったので、レスターが「番組に出演していただきありがとうございました」と言ったときにはびっくりした。そのセリフは通常そのパートが終わることを知らせる合図だ。レスターの言葉で私は「いや、もっと続けましょうよ」と言いたい衝動にかられた。

実際、言葉が口から出かかった。だが全国放送の番組で400万人の人が見ている。私は緊張して言葉1つ、ジェスチャー1つに気を使っていた。馬鹿げた言葉が口から出るナノセカンド前に、私は間をおき、そうすることによる結果について考えをめぐらした。私はトゥデイのホストに、インタビューを終わらせたくないと本当に言おうとしているのか？ 長居をしたゲストとして人々の記憶に残りたいのか？ 最終的に、私はレスターの合図を受けて、通常のように「お招きありがとうございました」と答えた。

番組の最後の数秒を見ていた人は、ゲストが自動操縦されているように行動したと思ったことだろう。感謝の言葉の交換はたいていそうだ。目立つわけでも注意を引くわけでもない形式的なジェスチャーだ。レスターがトリガーの言葉を発してから私が最終的に選んだ反応をするまでの時間に私の頭の中で一瞬生じたドラマを、視聴者はまったく感じることはなかっただろう。決まりきった行動のように見えただろうが、冷静からも自動的からもほど遠いものだった。「出演ありがとう」という簡単なトリガーに対してすら、私はオプションを検討した。私には選択の余地があった。

注意を払っていれば（全国放送のテレビ出演となれば、誰でも注意のレベルが上がるだろう）、このようにトリガーは機能する。注意をすればするほど、ごくありふれた状況であっても、トリガーが引かれたときに頭を使わず早まった行動に出て、思わしくない結果を引き起こすことが少なくなる。自動的に動くのではなく、時間をかけてよく考えた末に選択をするようになる。

大切な瞬間には、私たちはもうそうしている。企業のCEOと初めて会うとき、すべての言葉、ジェスチャー、質問がトリガーになると心する。意見を求められたら、頭に浮かんだことをそのまま口に出すことはしない。一歩間違えば地雷を踏み、嫌な結果になるかもしれない領域に足を入れたことを意識する。敵対国を相手にする外交官のように言葉をはかる。前もって回答を用意することすらある。いずれにせよ、衝動に身を任せることはしない。私たちはじっくり考え、選び、それから反応する。

逆説的ではあるが、重要な場面――トリガーがひしめき、ストレス、むき出しの感情、大きな利害関係が生じる状況、したがって大惨事に至る可能性の高い状況――は扱いやすい。成功者は、見せ場だと思うとそれに向けて用意をする。

桁外れの大きさで非生産的な反応を引き出すのは、些細な場面だ。コーヒーショップの行列がなかなか進まない、親戚がなぜまだ結婚しないのと尋ねる、近所の人が散歩している犬のウンチを拾わない、部屋の中で同僚がサングラスをかけたまま話す、我が家に招待した客がものすごく早く到着する、隣に座っている人が超大音量でヘッドホンで聴いている、飛行機の中で赤ちゃんが泣き叫んでいる、あなたよりいつも一段上手の話をする同僚、エスカレータの左側に立ったままでいる人、などなど。

こういったことは人生につきものの、ちょっとむかつくことだ。毎日起こる。なくなることはない。二度と会うことのない人との摩擦《まさつ》であることが多い。だが、こういうことがもっとも卑劣な衝動を引き起こす可能性がある。

衝撃を抑制する人もいる。常識、面と向かって対立することへの不安、もっと緊急なことがあるなど、理由はなんであれ、トリガーとなる苛立たしいことを無視するほうを選ぶ。その瞬間、武装解除してしまう。銃に実弾が入っていなければ、引き金を引こうがどうしようが関係ないと思う。

一方、トリガーがかかりやすく、最初の衝動に抵抗できない人もいる。声に出して言いたくなる。こうして公共の場で見苦しいところを見せることになってしまう。こういう取るに足らない苛立ちの元は、人生のちょっとしたアクセントみたいなものだ。「となりのサインフェルド」のコメディに出てくるむかっ腹を立てる人間のようになってはいけない。

もっと危険なのは、家族や仲のよい友だちから些細なトリガーが生じるときだ。彼らには何を言っても大丈夫だと思う。彼らは私たちを知っている。彼らは許してくれるだろう。彼らには自分を取り繕う必要がない。自分の衝動に正直になれる。そう思ったせいで、もっとも親しい間柄の人と、他ではやらないことをしでかすトリガー騒ぎになってしまう。怒り、怒鳴り合い、取っ組み合い、ドアを力いっぱい叩きつける、腹を立てたまま別れ、何カ月、何年、何十年と話すことを拒む。

あなたの10代の娘が車を借りて、2時間後車が盗まれたと電話をしてきたとしよう。スナックを買おうとして車に鍵を残したままコンビニに入ったからだ。起こりそうもない事件（盗難）が馬鹿げた過ち（鍵を忘れる）で、ありえることになってしまった。

親として、あなたならどう反応するか？　娘は怪我をしていない。彼女は危険にも法的な問題にもさらされていない。彼女は犠牲者だ。最悪、あなたは所有物をなくしただけの出来事だ。あなたの最初の衝動は？

腹を立てるかもしれない。「だから言っただろう」「いつもこうなんだから」といったようなことを言って、①親はいちばんよく知っているのだ、②お前が思っているほどお前は賢くないんだ、というメッセージを強く伝えるかもしれない。慰めるかもしれない。「家に戻るのに迎えが必要かい？」と尋ねることもできる。あなたには選択の余地がある。

完璧な答えは知らない。この電話は短い、予想していなかったものだし、他の大きな事件に比べれば取るに足らないものだが、トリガーとしてはものすごい力を持つことはわかる。被害は発生してしまった。何年も経ってから孫たちに面白おかしく話してあげるようなものでもない。だが、あなたがどう反応するかは重要で、重大な結果をもたらす。この不幸な出来事で、親子の関係がもっと損なわれるか？　あるいは何かよい結果が得られるか？　まったく自然な衝動だが嘲りの言葉を発したい気持ちに屈するか、あるいはひと呼吸おいて、何かもっとマシなことを言うか？

6 計画は上手だが、実行は下手

状況に応じたリーダーシップ

私たちはどうしてなりたい自分になれないのだろう。やるべきだとわかっていることをどうしてしないのか。というか、計画したことを、なぜしないのか？

これはアリストテレスの時代から変わらない永遠の問題だ。私は満足のいく答えを知っていると思う。だが、それを正しく評価するには、私がキャリアをスタートさせた頃に遡る必要がある。

1970年代に私はUCLAで博士号取得の勉強をしていた。私の指導者はポール・ハーシーという行動心理学者のパイオニアだ。組織行動学の分野でその後長く貢献した彼のコンセプトは「ＳＬ理論」と呼ばれるものだ。彼は、私の友人であり尊敬するケン・ブランチャードと共にこの理論を提唱した。

ハーシーとブランチャードの理論の前提は、リーダーは部下が課題を達成する準備ができているかどうか、その度合に応じてリーダーシップのスタイルを変える必要があるというものだった。成熟度は人により違うだけでなく、課題によっても変わってくる。課題ごとにモチベーションが異なり、取り組む成熟度が違う。たとえば、ジェリーは優れた営業マンで顧客訪問には準備万端だが、営業報告書を書くとなるとその度合が低くなる。優秀なリーダーは、成熟度に応じてリーダーシップのスタイルを変える。それが、**状況的リーダーシップ**（以下、ＳＬ）と呼ばれる所以である。

ハーシーとブランチャードは、リーダーは次のことをすべきだと考える。

- ■部下の「成熟度」の変化を追うこと
- ■状況に応じてしっかり適応すること
- ■状況は常に変化することを認識すること
- ■部下の成熟度に応じてリーダーシップのスタイルを調整すること

これが「状況的リーダーシップ」（SL理論）である。それはリーダーと部下の関係によって4つのスタイルに分けられる。

①教示型——課題を成し遂げるのに具体的な指導を多く必要とする社員に用いる。リーダーは「クリス、これを1つずつ、やってほしい。これはこのときまでにやっておくように」というように指示する。主に一方的な会話で、部下からのインプットはほとんどない。

②説得型（コーチング型）——課題達成に平均よりも指導を必要とし、双方向の会話を平均以上に必要とする。コーチングは、学びたいと思い、その必要のある人に対して用いられる。リーダーは「クリス、これをやってほしいんだが」と言い、それからインプットを求める。「どう思う、クリス？」という言い方をする。

③参加型（サポーティング型）——課題を達成するスキルはあるが、1人でやる自信を持っていない人に対して用いる。このスタイルでは平均よりも少ない量の指示を出す。リーダーは「クリス、これが課題だ。どうすればいいと思う？　ちょっと相談しよう。これをやるにあたり、何を手伝えばいいかな？」と言う。

④委任型（委譲型）——モチベーション、能力、自信の高い部下に対して用いられる。

彼らは何を、どのようにすればよいかわかっている。また1人でできる。リーダーは「クリス、これが課題だ。君は今までも素晴らしい実績をあげてきている。助けが必要だったら言ってくれ。そうでなかったら、1人で思うようにやってくれ」と言う。

4つのスタイルには定性的な判断が加えられていない。どのスタイルがどのスタイルよりも「よい」ということはない。いずれも状況によって適切なものとなる。*成果をあげるリーダーは、このことを本能的に知っている。チームの誰は1人でやらせてもいいのか、誰にはもっと指示を出す必要があるのかをわかっている。彼らは強いリーダーで観察と試行錯誤から学ぶ。反面、成果をあげられないリーダーは、理解できない。彼らはしゃべり過ぎる部下に「君はもっと人の話を聞く必要がある」と話し、その一度の会話で長く効果が続くと期待する。彼らは、人の話をよく聞かない人に、人の話をよく聞けと言う皮肉に気づかず、部下が話を聞かなかったことにびっくりする。

SL理論はよく知られた理論で、世界中の何百万人というリーダー研修に使われてきた。この理論をつくり出した人たちから早いうちに学んだので、SL理論は私の骨の髄まで浸み込んでいる。ビジネス・リーダーが同僚や部下とよりよい関係を持つお手伝いを仕事にすることになった大きな理由の1つでもある。

*1949年に制作された映画「頭上の敵機」は今ではもう忘れられているが、SL理論を1つずつ教えるものとしていまだにビジネススクールで評価されている。講義で今までに少なくとも1万人以上の受講者と、この映画を見てから討議をしてきている。グレゴリー・ペック演じる第2次世界大戦のフランク・サヴェージ准将は、「不運の」アメリカ爆撃飛行中隊と呼ばれていた中隊を、戦う集団に変えようとして4つのリーダーシップをすべて実行した。もう少し最近の例では「勝利の旅立ち」がある。1954年にバスケットボールの州大会で優勝したインディアナ州ミラノ高校のチームの話だ。新任のコーチを演じるジーン・ハックマンは、厳しい指示を与えるスタイルをとり、チームに基本を学び直させた。その後彼はコーチング型、サポーティング型のスタイルに変えていく。映画のクライマックスで、彼はさらに委譲型のスタイルに移っている。試合で同点になり、チームがオフェンス側に立つと、ハックマンは円陣を組み、スター・プレイヤーのジミー・チットウッドをおとりに使う作戦を図で説明した。選手たちは沈黙した。ハックマンは尋ねる。「どうしたんだ?」チームはスターに最後のシュートを打たせたかったのだ。スター・プレイヤーはハックマンの目を見ながら、おとりの計画に異議を唱え、「僕やってみせます」と言った。コーチは、彼がやる気にあふれ、やり遂げる力と自信を持っていることを見て取った。もちろん、彼はやり遂げた。

必要の度合いをはかり、あなたのスタイルを選ぼう

だがSL理論は、私たちがなりたい人物にならない理由をどう説明するのだろう？ 私は、ハーシーとブランチャードのSL理論は、私たちが行動を変えようと試みるとき生じる力学にそっくりだと気づいた。リーダーと部下、企画立案者と実行部隊、管理職と社員。どういう名前で呼ぼうと、私にとってはどうでもいい。

人、配偶者、社員、スポーツ選手、親、息子、娘としてもっとよくなろうと計画するとき、私たちの心の中には2人の異なる人格が存在する。行動を変えようと考えるリーダー、計画する人、管理職がいる。そして、その計画を実践しなければならない部下、実行する人、社員がいる。1日のうちで意識せず、いずれかを演じているから、私たちは同一人物だと思う。いずれも私たちの一部だ。だが、それは間違いだ。

実際、私たちは二分された個人として1日を始める。一方はリーダーとして、もう一方は部下として。そして1日が進むにつれ、この2つは大きく離れていく。

今朝どう1日を始めたか思い出してみよう。普通の人は、その日やるべき立派な計画を頭に描くリーダーとして目覚める。今日やることをTO DOリストとしてメモにする人もいるだろう。そのリストを見て、1日がうまくいくと自信たっぷり、やる

気たっぷり。できないはずはないと思う。その瞬間、あなたはリーダーとして機能している。だが、1日が経過するにつれ、ほとんど気づかないまま、あなたは異なる役割を演じるようになる。あなたはリーダーの望みどおりに実践しなくてはならない部下となる。

リーダーとして、あなたがはっきり、きっちりと命令したことを、あなたの内なる部下は1つずつ従うと想定する。そして、あなたの内なる部下はその日のうちにできない理由を示されない（そもそも、誰が失敗することを計画するか？）。あなたは、あなたの内なる部下が、顧客や同僚に腹を立てるとか、緊急事態に対処するために呼ばれるとか、会議が長引いて仕事が遅れるといった可能性は無視する。1日は順調に流れるだろう。すべてがうまくいくだろう。今日に限らず、毎日が。

さて、自問自答してほしい。**1日がすべて計画どおりにいった試しがあったか？** 指示した時間枠の中で、期待どおり、あるいは期待を上回る結果を出し、あなたが望むとおりの態度で、リーダーであるあなたの指示どおりにきっちり部下が動いたことはあったか？

滅多にそんなことは起こらない（そんなことが起きるのは、お祝いをしたくなるようなごくごく例外的なことだ）。

それなのになぜ、あなた自身がリーダーと部下、管理職と社員の両方を演じるときにはそれが可能だと期待するのか？　他人ではなく自分自身に命令するからというだけで、すべてが順調にいくと期待するのか？

他人を率いるリーダーであっても自分自身のリーダーであっても、目標達成を妨げるものは同じだ。支援するというよりも敵対的な環境に対応しなければならない。あなたを目標から遠ざけようとする人に立ち向かわなくてはならない。確率が低いと思う出来事が高い確率で起きることを計算に入れておかなくてはならない。そして1日が進むにつれ、エネルギーのレベルが下がり、やる気も自制心も消えてしまう。

私は徐々に、SL理論の教えは、自分で行動を改善しようというときにも有効なのではないかと感じるようになった。私たちの内なる計画する人が、部下を率いる有能なリーダーのように、1日のうちで状況を判断して、私たちの内なる実行する人に適切な管理スタイルを適用したらどうか？　必要の度合いを計り、スタイルを選ぶ。単純な2ステップの作業だ。

私たちはこのような自己評価を自動的にしている。重要なときには、私たちは本能的にどの程度自己管理の助けが必要かを嗅ぎ取る。目標によっては、ほとんど指示も、監督も必要としない。私たちは目標をメモに書かないし、そのために時間を割り当てることもしない。アシスタントにリマインドしてくれと頼んだりしない。内なる計画する人が内なる実行する人に仕事を委譲する――そして仕事が片づくと想定する。

だが、もっと**指導**を必要とする任務や状況もある。たとえば、**娘の結婚式に出席する**というとき、誰かの手助けや自己管理はあまりいらない。日時、会場、何を着るかを忘れることはあまりない。予期せぬ惨事がなければ、教会に間に合うようにいくのに指示もいらない。こんな重要なことだから、達成を邪魔するものはない。

だが、**結婚式でどう振る舞うか**となると、指示を求める必要性が高くなる。2013年に娘のケリーの結婚式でまさに体験したから、しみじみと思う。リハーサル・ディナーの前に、彼女は私を脇に呼び、言ってよいこと、してもよいこと、とくに注意しなければいけないのは誰かを教えてくれた。「パパ、教室で講義をしているような行動をしちゃだめよ」と彼女は命令した。

私はケリーに命令されて、いじめられたとは思わなかった。私がアドバイスを強く必要としていることを彼女はよくわかっていた。そして、私はそれを受け入れた（花婿の父親はのちに、同じことを彼の妻がしたと話してくれた）。長時間の喜びに満ちた結婚式と披露宴の間、彼女の言葉をときどき思い出しては、妻のリダに「僕、ちゃんとやっている？」と尋ねた。これは私式の参加型自己管理スタイルだ。

この状況アプローチ、すなわち他人をどう管理するかは取りも直さず自分をどう管理すべきかであるというアプローチを、私はクライアントに応用している。最初の頃にそれを応用したのはレニーという顧客で、企業法務弁護士の高給の地位を捨てて、州知事のブレーンとなっていた。残念なことに、大手法律事務所のシニア・パートナーで多くのアソシエイトが手足となって働いてくれたときにはうまくいったことが、働く人も予算も限られた公共自治体ではうまくいかなかった。レニーは1つの課題を3人か4人に与える習慣があった。それが不要な混乱を生み、スタッフに余分な努力を強いることになっていた。

レニーは他人を都合よく操るタイプではなかった。混乱を植えつけ、直属の部下をイライラさせようと毎日たくらんでいたわけではない。彼は立派な信念を持つ男で、社会のために役立ちたいと強く思っていた。それに、彼は自分の悪い癖に気づいており、それをコントロールしたいと望んでいた。スタッフ・ミーティングがきっかけで思う。

レニーは変わった。あるプロジェクトに興奮すると彼は全員に関与してもらいたいと思う。そして重複して課題を与えてしまう。1日の始まりには冷静なリーダーとして自制しようとする。だが、ミーティングでは忠実に実践しようとしない。よかれと思ってみんなを受け入れようとして、逆に対立を招いてしまった。彼は、自分自身の計画を実行できない部下となっていた。

私は自問した。計画する人としてのレニーが、実行する人としてのレニーにもっと適切な管理スタイルを適用するようにしたらどうだろう？　対立を招くトリガーとなったスタッフ・ミーティングをもっと適切に運営できるようなアプローチを教えたらどうだろう？

私はレニーと話した。彼はスタッフ・ミーティングでどうするか、アドバイスを強く求めていると同意した。ものすごく強く。彼はうまく行動できるだろうと期待していい、ミーティングに出ることができなかった。彼は常時明確な指示を必要としていた。解決方法はインデックスカードだった。スタッフ・ミーティングで、レニーは必ず自分の目の前にそれを置いた。カードには、「スタッフを混乱させないこと。同じ課題を複数の人に与えないこと」と書かれていた。陳腐で単純に聞こえるかもしれない。だが、議論が白熱してレニーがもっとも危うい状態になると、課題を与える前に考えるように、とカードは思い出させる役を果たした。こうして、レニーの内なる計画する人と内なる実行する人とがうまく協調するようになった。

これが、職場のSL理論を私たちの内面に応用する方法だ。他人を率いるリーダーとして非生産的な行動をとっていたのを変えるために、レニーはまず彼の心の中のリーダーと部下の行動を変える必要があった。彼は意識せずに、この2つの人格を完璧に折り合わせることができなかった。特定の状況——この場合はスタッフ・ミーティングだった——が2つの結びつきを壊した。スタッフ・ミーティングでの欠点をよく意識するようになると、何をすべきかを考えるのは難しいことではなくなった。1枚のインデックスカードが部下としてのレニーに方向性を与え、仕組みとして機能するようになったのだ。

計画と実行のギャップは残る

さて、職場を離れてもっと個人の世界で考えてみよう。私たちの心の中で行動を変えようとする側面を、**計画する人**と呼ぶ。そして実際に変わるように動く人を**実行する人**と呼ぼう。ギャップが生じるのは同じところだ——私たちは**計画する人としては優れているが、実行する人としては劣る**。

■ 1日中妻に優しくしようと心から思い**計画する夫**は、その夜テレビで「スポーツセンター」を見ているときに妻から声をかけられて、きつい言葉で言い返し

た**実行する夫**とは同一人物ではない

■子供たちとの時間を増やそうと**計画するエグゼクティブの母親**は、その日の夕方オフィスで危機的な事態が発生して娘の水泳大会に行けなかった**実行する母親**とは同一人物ではない

■よい息子になろうと思い、毎週日曜日、必ず母に電話をかけようと**計画する息子**は、月に一度か二度、日曜日に電話をすれば「十分だ」と考えて電話をしない**実行する息子**とは同一人物ではない

計画の意図はよいのだが、実践のほうは素晴らしいとはいいがたい。そんな例は、出会う人の数だけ、出会う状況の数だけある。計画を実行できないのは、いつか死ぬこと、税金を払わなくてはならないことと同じくらい確かなことだ。

計画が狂うのは、状況が邪魔するとか予測できない出来事が起こるといった理由ばかりではない。過去の経験を勝手に割り引いてしまうからでもある。私たちは過去の経験と正反対のことを計画する。締め切りを守ろうと計画する人は、実行する人がそれまで締め切りを守ったことがないことを忘れてしまう。計画する人は、今回は違うと信じている。だが実行する人は、締め切りを守れない記録を伸ばしてしまう。

計画する人と実行する人の間の大きな隔たりは、理想的な成功の条件が整っていてもつきまとう。

2014年春、私はコーチングをしているクライアント17名を招いてニューヨークのフォーシーズンズでディナーを催した。翌日は、みんなで個人の目標を話し合う集中セッションをする予定にしていた。ディナーは、互いを知り合うために行う通常の事前懇親会だった。私は同意を求めた。「ここにいるみなさんにお願いがあります。ディナーの間、話の途中で口を挟まない、批判的なことは言わないと約束していただきたい。それを破ったら、その場で、1回につき20ドルいただきます。同意する方は挙手をお願いします」。17名の手が挙がった。彼らはみな、そのルールを守ると誓った。もうちょっと刺激しようとして、全員がその約束を破ると思いますよ、と私は言った。

10分の間に20ドル紙幣がテーブルの真ん中に積まれ、400ドル以上になった（そのお金は自然保護委員会に寄付されることになっていた。その委員会のCEOもディナーに同席していた）。30分後、金額は2倍になった。ある時点で、世界的大企業のCEOを最近辞めた男性は、テーブルを離れて銀行のATMに行った。現金を使い切ってしまったのだ。当日のゲストの半分は1000万ドル以上の資産を持つ起業家だった。残りの半分は、名刺に〝社長〟か〝ＣＥＯ〟と印刷している人たちだった。自制心のない怠け者の集団ではない。それに、とてもいい人たちだ。さらに、彼らは約束を守るために必要な次のような要件を身に備えていた。

■私は計画を彼らに話した
■彼らは約束を守ると言った
■失敗のリスクがあるのは、テーブルに着いているわずか3時間の間だけだ。自制するのは相対的に短い時間だ
■金銭的な罰則があり、正しい行動をするインセンティブがある
■計画に対する認識を強めるよう、失敗することをあらかじめ警告した。自信たっぷりなこの成功者グループなら、私が間違っていると証明しようと躍起になるはずだ
■要求された課題は、彼らの能力を超えるものではない。否定的なコメントを避けることだけ、言い換えれば口を閉じているようにというだけのことだ

それにもかかわらず、17人のゲストのうち16人はポケットに手をつっこみ、罰金の

20ドル紙幣を取り出す羽目になった。[*] 彼らは環境を克服できなかった。彼らの内なる実行する人は、懇親会の楽しい雰囲気に包まれ口が緩み、彼らの内なる計画する人が数分前に約束したことを守ることができなかった。

ボクサーのマイク・タイソンは「誰だって顔にパンチを食らう前には計画を持っている」と言った。人生の行路で、繰り返し顔にパンチを食らわせるのは、環境だ。

*唯一の例外はレニーだった。あとから知ったのだが、彼は手を挙げたあと、インデックスカードを取り出し、「途中で口を挟まない、批判しない」と書いて、水の入ったコップの下に置いて目に見えるようにした。

7 環境を予測する

環境の及ぼす力を行動に生かすには？

私はカリフォルニア州サンディエゴに住んでいるが、ヨット狂、サーファー狂、ゴルフ狂を見分けることができる。彼らは1時間ごとに更新される天気予報を携帯電話でチェックする。それはもっともだ。サンディエゴは地球上でもっとも信頼できる天候の地だが、ときどきそうではないときがある。だから私の隣人たちは、あらゆる手段を使って、太平洋上からいい風が吹いているか、波は立っているか、ゴルフコースはプレイできる状態かをチェックする。環境を気に掛けるだけではなく、一歩進めて、予想をしようとする。

熱心なヨット（ウー）マン、サーファー、ゴルファーなら当然だが、過度なまでの予想をして1日を計画する人はほとんどいない。もしそうしていたなら、そうそう環境に不意打ちを食らうことはないだろう。

環境の及ぼす力を認めたら、予想をすべきだ。それには3つの互いに相関するステップがある。それは、**「予想」「回避」「調整」**の3つだ。

1 予想する

成功者は環境にまったく無関心というわけではない。人生の大切な場面で、その結果が重要で失敗の許されないときには、私たちはしっかりと予想をする。

広告代理店のチームが新規契約を取ろうとして顧客の会議室に入るとき、彼らはプレゼンテーションに磨きをかけ、顧客の好みを研究し、反対意見が出たらどう切り返すかピシッとした回答を予行演習している。プレゼンを終えたとき会議室の雰囲気が盛り上がることを想像し、そうなるように営業トークを工夫する。

法廷に立つ弁護士も同じことだ。彼らは、答えを知らない質問は絶対にしない。証人尋問はすべて予想に基づいている。

議論の分かれる問題をめぐるタウン・ミーティングで議長を務める役人もそうだ。怒りの発言もあり、意見の交換が加熱して個人を侮辱する発言も出てくるだろうと予測する。白熱した環境の中で、冷静に公平に、と自分に言い聞かせる。なだめるようなコメントを用意したり、警官に待機を要請したりすることもあるだろう。

ガールフレンドにプロポーズしようとする若い男性も同様だ。普通なら、予想に予想を重ねるだろう。どういう場面を選ぶか、どのタイミングを選ぶか。すべて、愛する相手から期待どおりの反応を引き出すための努力だ（花嫁は結婚式当日に、それを上回る予想をしてお返しをする）。

一定の業績をあげると明確な結果が即座に得られる場合、私たちは底力を発揮してうまくやりおおせる。私たちが環境をつくり出す。環境につくり出されるようにはしない。問題は、私たちの日々の大半は取るに足らない瞬間の積み重ねだという点だ。そういうときには、状況との因果関係を連想しないから、環境や行動のことを考えない。このような無害に思われる環境こそ、皮肉なことに、もっとも気を配って注意すべきなのだ。環境を予測しないときには、何が起こってもおかしくない（思いやりのない、だが、悪気のないコメントを大切な人や同僚にしてしまい、それが第3次世界大戦級の口論に発展したり、取り返しがつかないほど感情を傷つけてしまった経験があれば、私の言わんとしていることがよくわかるだろう）。

私はあるとき、2人のクライアントを紹介すれば互いに役に立つかもしれないと思って、2人をディナーに誘ったことがある。エドガーは、アイビーリーグの大学を卒業してニューヨークの進歩的なシンクタンクの社長になっていた。彼は時間の半分を富裕層から寄付を集める活動に充てている。洗練された外交的スキルを備えた男だ。マイクは社交的でややいたずらっぽい、オクラホマ州のエネルギー会社のトップだった。2人のバックグラウンドが違うから面白いディナーになるだろう、彼らは視野を広げ、私に感謝をするだろうと思っていた。

とんでもなかった。私の経験では、頭のよい人たちが初めて顔を合わせ、会話がまだ弾んでいないとき、政治の話をすることが多い。彼らが政治的に同じ立場であれば、別の党派がいかにひどいかを話し合って楽しいひとときを過ごす。政治的に対立すると、相手が間違っていることを説き伏せようとする。それがこのディナーで起きてしまった。エドガーは過激なリベラル。マイクは石油業者なので筋金入りの保守派だ。前菜が出てきた頃まではうまくいっていた。だが、仕事、家族、休暇計画、スポーツといった友好的な話題が尽きてしまうと、昨今の出来事に話が移った。彼らは政治的争点の一覧表を渡されたかのように、国境警備、エネルギー政策、銃規制、マリファナの合法化、マイノリティ優遇措置、財政支出などを次々と話題にのせ、相手の意見を変えようと無益な議論をした。2人とも副流煙に関する専門家ではないし、関心を持っていなかったにもかかわらず、30分費やして議論した。その夜は、気の強い男が相手に勝ちたい気持ちを発散させることで終わってしまった。私は惨めな傍観者だった。

いけないのは、彼らではなく私だった。サミュエル・ジョンソンが、不幸な結婚生活を終えたばかりの男やもめが早々に再婚してしまうことを言ったように、私はまさに「希望が経験に打ち勝つ」とやってしまった。

私としたことが、なんということだ。支持政党が違うことは知っていた。2人を同じテーブルに着け、他に誰も呼ばなかったのは私だ。あとから考えれば、彼らはオフィスという環境では違う行動をしていたと思う。職場環境なら、彼らも職場にふさわしい行動をとったはずだ。和やかにプロフェッショナルに振る舞ったことだろう。私のしでかした大きな間違いは、仕事を終え、レストランでのディナーの時間に彼らがどういう行動をするか予想しなかったことだ。2人ともビジネスでは接点がないため反動を恐れることなく、仕事を離れてなんでも自由に言えると考えた。それをちゃんと予想していたなら……。

2 回避する

ピーター・ドラッカーの有名な言葉に「私が会ったリーダーの半分は、何をすべきか学ぶ必要はない。彼らが学ぶべきなのは、何をやめるかを知ることだ」というのがある。

環境についても同じことが言える。環境に対するもっとも賢い対応は、それを回避することだ。

■ 夜遅く帰宅するときには、犯罪の多発する怪しげな地域を通らない
■ 禁酒したなら、バーに出入りしない
■ 肌が白くて日焼けしやすいのなら、海には行かない
■ 近所に住むトッドが大嫌いなら、家に招かれても丁寧に断ればいい

私たちは、身体や心に苦痛を与える、あるいは不快な思いをさせるリスクを回避することが総じて上手だ。

一方、楽しい環境ではうまくやれないことが多い。それを諦めたり、避けたりせず、

引き続き楽しんでしまう。

1つには、惰性が原因だ。何か楽しいことをやめるのには、ものすごい意志の力が必要だ。

だが、さらに大きな問題は、環境と誘惑の関係を基本的に誤解しているところにある。誘惑はとんでもない奴で、楽しい環境には首を出し、「リラックスしろよ、これやったら、あれやったら、もう少し長居したら?」とそそのかす。誘惑は我々の価値観、健康、人間関係、そしてキャリアを壊す。環境はコントロール可能という妄想を信じているから、私たちは誘惑から遠ざかるのではなく、戯れることを選ぶ。私たちは常に誘惑に反抗しようとして、失敗するとショックを受け、落ち込む。

誘惑には、チーズケーキをもう一切れ食べたいといった、取るに足らないものもある。だが、予定どおり納品できないとわかっているのに、非常に魅力的な注文を早まって受けてしまうといった大きな問題の場合もある。

成功した私のクライアントがこういう考え方をするのは、しょっちゅう見ている。彼らは挑戦が大好きだ。誘惑にのって勝つと得点をつけて、自分に褒美を与える。誘惑回避は彼らからすれば功績ではない。受け身で否定的なオプションだと思う。自然とそう考える。

エグゼクティブは常に戦いたいという衝動を抱え、ときには回避しようと考えることがないために、私がコーチに呼ばれることが多い。* それはリーダーの間でもっともよく見られる問題行動だ。抑制したほうがよいときに力を奮いたい誘惑に屈してしまう。

長くクライアントとしてつき合ってきたスタンと珍しい経験をしたことがある。何十年もの間に、いくつかの会社を起業して売却し、フォーチュン上位50社に入る会社を経営したあと、スタンは70歳で引退し、複数の会社の社外役員を務め、コンサルティングの仕事を多少していた。彼は財団に資産の半分を寄付して、医療研究支援をするという夢を実現した。彼は妻をその財団の理事長につけ、2人の娘を妻の補佐につけた。

スタンは電話をかけてきて、コネチカット州の彼の自宅で開く家族会議に私を招いた。会議に入って数分のうちに、問題が見えてきた。スタンの家族は彼を無視していた。大きな成功を収めた女性である妻に対して、彼は怒鳴って命令をする。すると彼女はこう答える。「私はあなたの妻で、この財団の理事長です。あなたの会社の社員と混同しないでちょうだい」。スタンは一度ならずこれを繰り返しながら、理解しなかった。彼は娘に向かって命令をした。1人は弁護士で1人は医師だ。彼女たちは

「私たちの上司はママよ」と言った。

スタンが家族会議でイライラしたのはこれが初めてではなかった。私は彼に招かれて、妻と子供たちに話を聞いてもらうにはどうしたらよいかコーチすることになっていた。

「それは無理ですよ」と私はスタンに言った。

＊クライアントに見られるこの態度を、私は「ドラマのような物語の過ち」とひそかに呼んでいる。すべてとは言わないまでも、より多くのチャレンジを受け入れて1日に一味添えなければならないと考える。テレビドラマでは克服できそうにもないことを、回避するのではなく、克服するあらすじが多いが、私たちの人生も同じだと考える。トライアスロンの訓練のように、遊びで追求するならそれでいい。だが、その態度をすべてのものに当てはめようとしたら、へとへとになり人生はリスクだらけになる。ときには、「見送るよ」と言うことが勇気——そして常識——としてよい場合がある。ゴルファーは、退屈なラウンドは最高のラウンドだと思う。最初のパットでバーディーを取る。ボールをフェアウエイに打ち、次のショットをグリーンに乗せてピンそばに寄せ、最初のパットでバーディーを取る。あるいはツーパットでパーを取る。そして次のティーに歩いていき、同じことを繰り返す。これを18ホールやったら、自己ベスト、いやクラブ記録を更新するかもしれない。選べるものなら、ゴルファーは毎回ジェットコースターのような劇的なラウンドより、こういう面白味のないラウンドを選ぶ。

「でも、お金を払ったのはすべて私だ。私を締め出すわけにはいかない」と彼は言った。

「そうですね」と私はうなずいた。「しかし、それは無関係です。あなたはCEOとしてのキャリアと家庭での権威を同じだと考えているが、それは誤りです。ご家族は明らかにそうは見ていない。ご家族に担当させたのはあなたです。財団はご家族の責任です。それをやり直すことはできません。あなたとしては、仕事では仕切ることができても、家ではそうはいかないということを受け入れるしかありません」

問題は「環境」だとすぐさま見て取れた。財団のオフィスではなく、自宅の環境で会議を行っていることで、状況が混乱した。これは仕事なのか、それとも家族の問題なのか？ スタンはたしかに混乱していた。もっと心を開いた夫、父であるべきなのに、スタンは横柄なCEOとして行動していた。スタンは他人の気持ちを推し量る、典型的な対人関係に優れたタイプだった。彼は空気を読むことにかけては実に優れていた。ところが家族と一緒にいて、自宅の環境というトリガーを受けて、彼は自分にもっとも得策となる行動をせず、それに気づいてもいなかった。

「この状況から抜け出すには、精神的にどのくらい犠牲を払うことになりますか？」と私は尋ねた。

「私のアイデアだ」と言い、スタンは財団を「所有している」という考えに固執した。「スタン、ご家族はあなたの行動に反発しているのですよ、あなたに対してではありません」と私は言った。「あなたがやり方を変えたとしても、それを受け入れてもらえるかどうかわかりません。また、あなたが昔のあなたに戻らないと言えますか？彼らから遠ざかっていたほうがいい」

回避が解決策だとスタンが受け入れるには数分かかった。最悪の場合でも、ご家族との口論はすぐさま止みますよ、と私は言った。うまくいけば、奥さんやお嬢さんがやがてアドバイスを求めるようになる。だが、彼が姿を消すまではそうはならない。

政治家をロールモデルに引用することは通常ないのだが、彼らは回避することにかけては天才だ。大きな成功を成し遂げた私のクライアントたち（彼らは間違いが引き起こす状況を予想できない。誤ることに慣れていないし、その可能性を認めることにも慣れていない）とは違い、政治家はキャリアを終わらせるような失敗の恐ろしい見通しに身をよじらせる。だから彼らは、失言を招きそうな環境でもピッタリくる完璧なセリフを言うようになる。記者会見で勝ち目のない質問に答えるのを拒むとき、彼らは回避している。議論を呼ぶ投票で棄権をするのは、回避しているからだ。対立する著名な人と同席しないのは、回避しているのだ。

政治家は本能的にこれを知っている。なぜ私たちはそうしないのか。簡単な問題だ。**好ましくない行動を避けるには、それが起こりそうな環境を回避しなさい**。あなたの神経を逆なでする同僚にムカッとしたくないのなら、その人を避ければいい。夜遅くつまみ食いをしたくないのなら、冷蔵庫の残り物を漁りにキッチンに行かなければいい。

3 調整する

もちろん、人生には回避が不可能なときもよくある。恐ろしい（大勢の前でスピーチをするとか）、腹立たしい（義理の両親を訪問するとか）、不愉快な人間になってしまう（尊敬しない人と仕事をするときなど）と思っても、せざるを得ないときがある。

運がよければ、予想の最終産物は調整となる。だがそれは、環境の影響度を予測し、回避することは選択肢になりえないと判断したあとで初めてできることだ。調整はそうそう起こるものではない。私たちは誤ったやり方をチェックもせずに続けることが多い。同じ行動の落とし穴に何度も何度も落ちるにもかかわらず私たちは成功する。落ちたおかげ、では決してない。必死で変わろうとするとき、突然ある考えに至ったとき、誰か（友人やコーチなど）にやり方を教わったときに調整をする。

ＩＴのエグゼクティブ、サチの場合がそうだった。私は彼女とシリコンバレーで会った。サチはインドの小さな村で育ち、お金もコネもなかった。彼女は一生懸命勉強をして、誇り高き両親の助けを得て、デリーにある名門インド工科大学の電気工学部を卒業した。シリコンバレーで何年か働いたあと、彼女はスタンフォードでＭＢＡを取得し、30歳の若さでトップクラスのソフトウエア会社でディレクターの地位にまで昇進していた。

サチは村に戻ったときのことを話してくれた。彼女が旧友7人と食事をしていると、1人の友だちが何気なく尋ねた。

「先週は何をしたの？」

サチはエキサイティングな1週間を事細かに話した。会議に出席するためにパリに飛び、業界の有名人何人かと会った。彼女は新製品の開発責任者だ。将来を期待される社員だけが参加できるリーダーシップ研修の候補に選ばれたと、会社のＣＥＯに言われたばかりだ。彼女は熱を込めて話した。

ディナーのあと、みんなが別れを告げたが、いちばん仲のよいランジニだけが残った。ランジニはサチほど成功していなかったが、インドの大手企業で着実にキャリアを進めていた。ディナーにきていた他の人たちは、それほどの成功を収めていなかった。サチがみんなに会えてすごく楽しかったと話すと、ランジニは遮《さえぎ》ってこう言った。「あなたがパリに飛んだとか、新商品だ、ＣＥＯだとかの話をみんなが聞きたがっていたと思っているの？　いつからあなたはそんな目立ちたがり屋になったの？」

サチは打ちのめされ、次に自己弁護した。「先週、何をしたか聞かれたから答えただけよ」

その夜、状況をまったく読み違えていたことに気づいて、数時間、彼女は寝つけなかった。シリコンバレーの若い優秀な子たちを相手にしていたわけではない。一緒に育ったが、彼女ほど出世できなかった貧しい人たちを相手にしていたのだ。彼女としては自分の生活を伝えたつもりだった。しかし彼らは、恥ずかしい思いをさせられたと受け止めた。

彼女はこういったことを予想せず、無神経な行動をしてしまったことで自分を責めた。だが失敗から私たちは学ぶ。単純な質問が単純な答えを引き出すが、それがある環境では適切でも、別の環境ではひどく間違ったものになることに気づいた。

次に村に戻ったとき、友人たちから仕事について尋ねられると、彼女は「技術的なことが多いわね。出張が多くて大変だわ」とだけ言い、思いやりの気持ちをこめて、他の人たちの近況を尋ねた。
サチは、環境をしっかりと認識したときにすべき行動、調整をした。

8 変化の輪を広げる

難しくても行動を変えたいなら、どうする？

ここまでに学んだことをおさらいしておこう。

大人になって行動を変えることほど難しい課題はない、と私は言い続けている。私たちは変わらないための口実を見つける天才だ。私たちは言い訳をする。屁理屈《へりくつ》をこねる。あらゆる形の否定・抵抗のトリガーとなる信念に逃げ込む。その結果、絶えず私たちはなりたい人物になるのに失敗してしまう。

私たちが否定する最大のものは、環境との関係だ。環境が我々の行動にいかに大きな影響を与えるかを、私たちは故意に無視してしまう。実際のところ、環境は情け容赦ないトリガー・マシンで、一瞬のうちに私たちを聖人から罪人に、楽観主義者から悲観論者に、模範的市民から凶悪犯へと変えてしまう。そして、どのような人間になりたいと努力しているのかを忘れさせてしまう。

ありがたいことに、環境は陰謀を働かない。開けっぴろげで、常にフィードバックを送ってくれる。だが私たちは注意散漫で、環境が教えてくれていることに耳を貸さない。だが、目を向け注意を払えば、私たちの行動を形づくるトリガーは、陰から明らかに見えてくる。

残念ながら、私たちは次々と異なる環境に移っていくから、ずっと注意を払い続けるのは難しい。状況は刻一刻と変わる。状況を望みどおりに操る能力ややる気を絞り出すことが常にできるわけではない。私たちはへまをしでかす。一歩前進二歩後退する。

さらに、「計画する人」と「実行する人」と私が名づけた２つの人格が１人の人間の中にいるから、環境に対して二通りの反応をする。朝、目を覚まし、今日１日の明確な計画を立てる「計画する人」は、その計画を日中「実行する人」とは別人だ。リスクの高い環境を予想する、回避する、調整するという基本的なツールは、計画する人と実行する人の対立を調整するのによい出発点だ。だがそれは対症療法的解決策で、

変化の輪

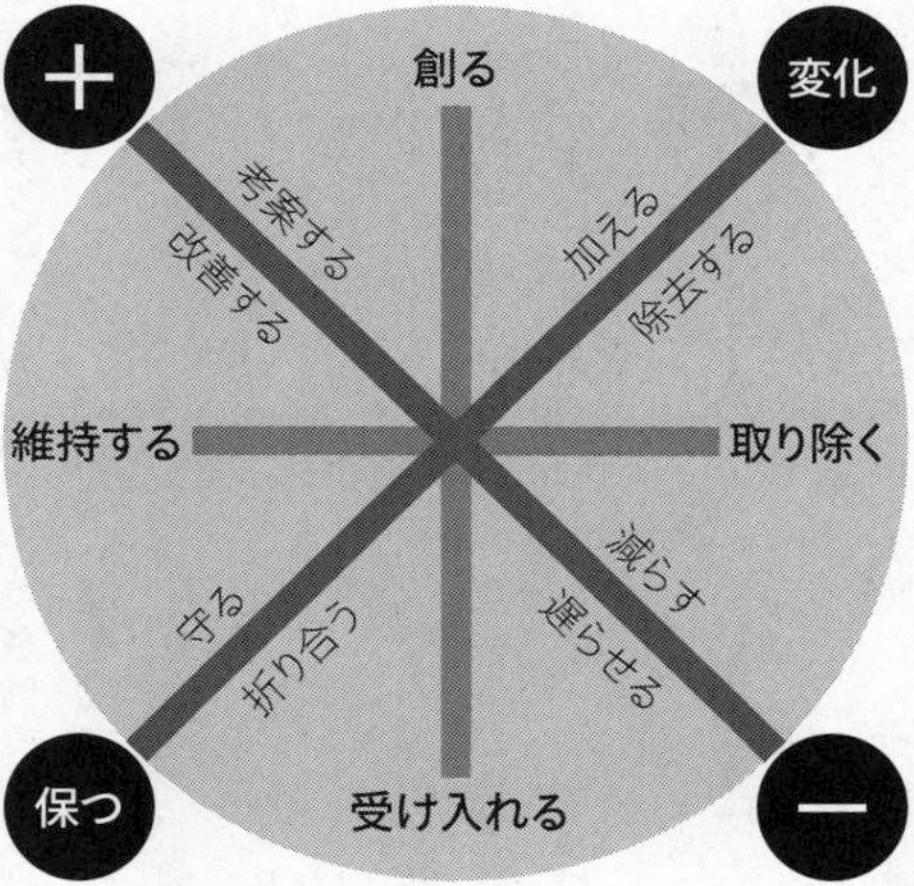

今後の行動を改善はしてくれない。

行動改善するにあたり、私は人間の弱さを述べ、環境との果てなき戦いでは私たちは絶望的な敗者だとレッテルを張った。となると疑問が湧く。**いつになったら詳しく説明してくれて何か意義ある行動に出られれんだ?**

慌てることはない。問題を理解するためには、問題があることを認識しなくてはならない。さらに、すべての選択肢を正しく評価する必要がある。そして、行動改善するときには選択肢がある。

上の図は、何年もクライアントに使ってきたものだ。なりたい人間になるにはまず2つの次元が交差しているところを整理する必要がある。「プラス」と「マイナス」をつなぐ軸は、私たちを助ける要素か、後退させる要素かを表す。「変化」と「保つ」をつなぐ軸は、変えようと決意する要素か、これからも維持しようとする要素かを表す。このように行動を改善しようとするとき、私たちには4つの選択肢がある。プラスの要素を変えるか、保つか、マイナス要素を変えるか、マイナスのままにするか。

- **創る**——これからつくり出したいプラスの要素を表す
- **維持する**——これからも守りたいプラスの要素を表す
- **取り除く**——これから取り除きたいマイナスの要素を表す
- **受け入れる**——これから受け入れる必要のあるマイナスの要素を表す

これらが選択肢となる。ダイナミックでわくわくして楽しいものも、そうでもないものもあるが、どれも重要性に変わりはない。うち3つは、私たちが想像する以上に多大な労力を必要とする。

「創る」というのは行動改善の中のイメージキャラクターみたいな、心躍るものだ。自分自身が行動や態度を改めたときのことを想像して、自分を変えることはわくわくするプロセスだと考える。「新しい自分」を創り出す。魅力的、誘惑的だ。自分で選んだ人物になれるのだ。

問題は自分が選ぶのであって、第三者ではないという点だ。自分自身で創り出しているのか、それともチャンスをみすみす逃して外部の力で強制されているのか？創ることは、ものすごく優秀な人であっても自動的に頭に浮かぶ選択肢ではない。

6カ月後に定年を控えた大手欧州企業のＣＥＯにコーチングをしていたとき、私は彼に尋ねた。「会社を辞めたら何をするご予定ですか？」

「わからないなあ」と彼は言った。*

「もし会社が6カ月のうちにすっかり変わり、新しい顧客、新たなアイデンティティを持つとわかっていたら、それに向かって計画しますか？」と私は尋ねた。

「もちろんだよ」と彼は言った。「そうしないのは無責任だ」

「どちらが重要でしょう？　あなたの会社、それともあなたの人生？」

これは修辞疑問文だ。6万人の社員を抱える組織のトップというアイデンティティを取り上げられたら、退屈する、自分の立ち位置を見失う、落ち込むといった心境になりやすいと警告した。会社を去ったあとの準備をしていない元CEOを見るのは、これが初めてではない。自分自身の新たなアイデンティティを創らないのは「無責任」だ。

私が話したことで彼が知らなかったことは何もない。彼は長年、企業で高い地位に就いていた。彼は同僚がリタイヤしたあと、身動きできなくなったり、途方にくれたりするのを多く見てきた。だが、それを自分のこととして考えることはなかった。彼は他の人と同じ過ちをしていた。

生活に満足していたなら——別に幸せだったり、夢にも思わなかったことを達成して喜んでいたりしなくても、ただ**満足**していれば——私たちは惰性に身を委ねてしま

---

*このセリフはしょっちゅう聞かされる。だから驚くべきではないのだが、それでも私はそのたびにびっくりする。自宅にクライアントを招いて「残りの人生、何をするか」というテーマの会合を催すのは、これが大きな理由だ。彼らはそれについて考えていない。創るモードになっていないのだ。

う。いつもしていることをやり続けてしまう。

満足していなければ、正反対の方向に走る。アイデアはどれもよく見えてしまう。1つのアイデアが根づいて、誰が見ても変わったと認識するまで長く続けない。次から次へと流行のダイエットを試して、減量できない人が周りにいたら、どういうタイプかわかるだろう。それは追いかけるのであって、創ってはいない。

先の図が表すように、創るは、加えるから考案するまで連続する。新たな行動をつけ加えることだけで、すでに成功した人にとって通常は十分だ。個別のコーチングをするとき、エグゼクティブのパーソナリティを全とっかえするお手伝いをすることは絶対にない。成功したリーダーは、すべてにおいて不適切な行動をとることはない(もしそうだったら失業しているはずだ)。だが、彼らは1つか2つ不適切な行動をとる部分がある。他に何をしてもそれが影響してしまう。

私たちには常によい行動を創る機会がある。人への接し方、環境への反応の仕方、次の行動に移るのに何をトリガーとするか。必要なのは、違う自分を想像する誘発要因だけだ。

2 維持する

維持するというのは、受け身で、ごく当たり前のことのように聞こえる。だが、これは立派な選択肢の1つだ。何がよい結果をもたらしているのかを見極めるために、自己分析をする必要がある。何か新しくてよく見えるけれど、よりよいとは限らないもの、そういったものを選んで古いものを捨ててしまわないように自己を律する必要がある。

私たちは維持する、守るといったことを十分に行っていない。成功した人は、本質的に多くのことを正しくやってきている。だから、維持すべきことが多くある。だが彼らは基本的に、改善を続けることが着実な前進をもたらすと見なす傾向がある。彼らは現状維持と戦うようにできていて、維持をしない。「よい」と「もっとよくなる」との間で選ぶとなれば、彼らは本能的に後者を選ぶ。そして望ましい属性を失うリスクをとる。

ずる賢いやり方に聞こえるが、維持することが転換となることも可能だ。私の友人(そして、声を大にして言うが、私の変わらぬ英雄)フランシス・ヘッセルバインを、フォーチュン誌は「アメリカで最高の非営利企業経営者」と報じていた。彼女は1976年にガールスカウトアメリカ連盟のCEOになった。彼女に与えられた使命は、会員数が減少を続ける硬直化した組織で、有給の職員ではなく120人のボランティアに依存し、若い女子にはもはや当てはまらない時代錯誤のイメージを変えることだった。すべてを捨ててゼロから築き直したい気持ちになってもおかしくないところだ。だがフランシスは、出身地ペンシルバニアのガールスカウト17隊でボランティアをした経験があり、この組織には有名なクッキーの訪問販売だけでなく、少女の倫理モデルになるという守るべきものがあると知っていた。ドラッグや10代の妊娠が増えている今だからこそ、少女に手を差し伸べるのがこれまで以上に重要なのだということをスタッフやボランティアに説いた。彼女は、維持することと創ることの急進的な組み合わせを「将来に向けての伝統」と呼んだ。新たな目標は組織を覚醒させた。彼女のCEO任期中に、会員数は4倍となり、多様性は3倍となった。

ある政治家がこう話したことがある。「私の決断でもっとも感謝されないのは、何か悪いことが起こるのを予防することだ。なぜなら、もっと悪くなるのを私が予防したことを証明できないからだ」。維持するのも同じことだ。いいものをめちゃくちゃにしなかったことで褒められることは滅多にない。あとになって素晴らしく見える、それも維持をしている個人にとってだけ。

だから私たちは「私の人生で守るべきものは何か?」と考えることはない。これに答えることで、多くの時間とエネルギーが節約できる。何しろ、貴重な行動を1つ維持すれば、変えなくてはいけない行動が1つ減るのだから。

3 取り除く

取り除くのは、もっとも解放的で、癒し効果のある活動だ。だが、私たちはいやいやする。屋根裏やガレージを掃除するときのように、何かを捨てて後悔するかもしれないと思う。いつか必要になるかもしれない。それが成功をもたらす秘訣だったかもしれないと思うと捨てられない。とっても好きだから捨てられないのかもしれない。私のキャリアでもっとも重要な転換の瞬間は、取り除くことだった。それは私が考えたわけではない。

私は30代後半だった。国中を飛び回り、企業に組織行動の同じ話を繰り返して成功を収めていた。その繰り返しを維持することでたいへん儲かっていた。そのマイナス面を見るようにさせてくれたのは、恩師ポール・ハーシーだった。

「君は今やっていることを実にうまくやっているね」とハーシーは私に言った。「君の時間を企業に売ることで、ものすごいお金を稼いでいる」

誰かが「実にうまくやっている」と言ってくれると、私の頭は中立状態に移り、褒め言葉を浴びると思う。だが、ハーシーはそこで終えなかった。

「君は自分の将来に投資をしていない」と彼は言った。「研究をして論文を書き、何か新しいことを見つけ出すことをしていない。今やっていることを、これから先も長く続けることもできるだろう。だが、君がなりたいような人物には絶対になれないよ」

なぜか、最後の言葉がトリガーとなり、私の心に深く浸み込んだ。私はポールをものすごく尊敬していた。そして、彼が正しいことはわかっていた。ピーター・ドラッカーの言葉を借りれば、私は「今日のために将来を犠牲にしている」のだった。私の将来を見てみると、それは黒い空っぽの穴だった。心地よい生活を維持するのに忙しすぎた。飽きるか不満を持つようになるだろうが、その時では、手を打つのに遅すぎるかもしれない。忙しい仕事を幾分取り除かない限り、私のためになる何か新しいものをつくり出すことは決してないだろう。

収入はすぐさま減るが、日銭を求めて無益な動きをするのをやめて、異なる道を歩こうと決めたのはその瞬間だった。ポールのアドバイスにはずっと感謝している。

私たちはみな、自分を傷つける何かを取り除いた経験がある。効果がすぐに表れ、確実である場合にはとくにそうだ。厄介で信頼できない友人とのつき合いをやめる、神経質になるのでカフェイン入りドリンクを飲むのをやめる、1日を台無しにしてしまうばかばかしい仕事をやめる、命に危険を与える習慣をやめる。その結果が極端に苦痛を感じるものであれば、私たちは一気に取り除く。

問題は、楽しくしていることを犠牲にするときだ。たとえば事細かに管理すること。表面的には、それはキャリアを傷つけるものではない。(他の人はともかく) 自分のためになっていると信じている。この場合、私たちはこう考える。「どうしてやめなくてはいけないんだ?」そして何もしないことにする。

4 受け入れる

CEOは、変化の輪の4つの要素のうち3つは、組織に当てはめて考えて非常に明確に理解する (できなければCEOの座は長くない)。創るのは、革新的だ。リスクをとって新しい事業を始める、社内に新たな収益を生み出す事業部をつくるなど。維持するとは、コア事業を見失わないことだ。取り除くのは、もはや企業にフィットしない事業を閉鎖するか売却することだ。

「受け入れる」とは、変化という鳥小屋の中で見つけることが稀な鳥のようなものだ。

ビジネスパーソンは、負けを認めたがらない。どうしても「受け入れること」を「黙諾」と同じに考えてしまう。エネルギー企業のＣＥＯと事業部門長が出席する予算会議に出たことがある。業界的に規制が厳しく政治や社会の風潮に左右されやすい。５年間というもの、その会社のさまざまな部門で世間の風は逆風だった。影響をもろに受けた部門は、収益の伸びが止まると、工夫をこらしたコスト削減で利益目標を達成した。しかしその後、収益は縮小した。「底辺への競争」戦略がうまくいくことはない。６年間減少を続けたのち、その事業の部門長は、さらなるコスト削減で利益を絞り出せるという前提で、再びバラ色の予想を立ててきた。ついにＣＥＯはもうたくさんとさじを投げ、レポートを会議テーブルの真ん中に放り出して言った。

「今日の会議は終わりだ。１週間後に再開するが、そのときには新たな計画を出すように。君たちの担当事業は来年消滅し、二度と盛り返すことはないという前提でつくってほしい。我々が直面している事態を受け入れた予測を見たい」

　会議室にいた人たちは全員が同じデータを見ていた。だが、ＣＥＯだけが私情を挟まず明確に読み取り、受け入れた。

　ビジネスにはマーケットシェア、品質スコア、お客様の声など、測定基準がふんだんにあり、惨めな状況を受け入れる、あるいは変化の必要を知る手助けに使える。だが私たちは現実的にならず、自然と希望的観測に偏る（すなわち、よいニュースを取り上げ、悪いニュースは割り引く）。

これが対人関係となると、この傾向はいっそう激しくなる。数字を見る代わりに、私たちは印象に依存する。それはいかようにでも解釈できる。**聞きたいこと**を取り入れ、**聞く必要がある**が喜ばしくないことは締め出してしまう。直属の上司が人事考課面接で、はっきりとコメントを6つする。1つのポイントを褒め、残りの5つは否定的なコメントだとすると、私たちの耳は自然と褒められたポイントのウエイトを高める。よい知らせを受け入れるのは悪い知らせよりも楽だ。

褒め言葉を受け入れられない人もいる。友だちの洋服を褒めたら、友だちが「え、これ？　何年も着ていなかったんだ」とすげなく言われた経験はないだろうか？　正しい反応は「ありがとう」と言うこと。友人の洋服に対するあなたの価値判断と親切さに攻撃するのは、よろしくない態度だ。

影響を与える力がないとき、受け入れることは非常に貴重だ。だが無力さこそ、私たちが受け入れることをもっとも毛嫌いする状況だ。それが非生産的行動の最たるものを引き起こすトリガーとなる。

■素晴らしい論理で同僚や配偶者を説得しようとしてうまくいかないと、彼らに怒鳴ったり、脅したり、けなしたりする。分別ある人間が反対することもあるという事実を受け入れるより、そうするほうが勝利のアプローチであるかのように

■配偶者が家庭のちょっとしたことを非難して（たとえば、冷蔵庫の扉が開いていたとか、子供のお迎えに遅れたとか、ミルクを買うのを忘れたとか）、悪いのは100％自分のほうだとわかっているのに、配偶者が過去に犯した間違いをひっぱり出す。「そうだね。ごめんなさい」と言えばいいのに、うんざりするほど意味のない議論を続ける

■直属の上司が提案をボツにすると、うちの上司はまったく近視眼的なんだから、と直属の部下にぶつぶつ言う

変化は一夜にして起きるわけではない

考えてみると、創る、維持する、取り除くから生まれる副産物をすべて足し合わせたよりも、受け入れないことでもっと多くの悪い行動が引き起こされている。それは

賭けてもいい。

企業の組織行動変革の仕事では、まず変化の輪を使う。4人、6人、時には10人以上のエグゼクティブがそれぞれまったく異なる意見を述べているときには、議論を簡潔化するために1つの概念に全員がフォーカスすることが非常に重要となる。「何を取り除くべきですか?」と尋ねると、「何が悪いのでしょう?」「あなたの同僚のどこが好きではないのですか?」と尋ねるよりも早く合意を得られる。前者はポジティブな行動を考えさせる(それが取り除くことであっても)。後者は、めそめそ、グチグチのトリガーになる。

クライアントのアリシャが、従業員10万人以上、8つの事業部門で構成されるコングロマリット企業の人事部長に昇進したとき、彼女は人事部の地位を社内で高めるようにと明確な指示を受けた。人事部はたんに事務手続きをするところとなっている企業が一般的で、人事部員は従業員規程を管理するにとどまり、企業の方向性や戦略に影響を与えることがない。アリシャの会社ではそうではない。多数の従業員を抱えているから、CEOは人事部長の決定が組織を左右することを理解していた。CEOはアリシャに「経営の一翼を担う」ようにという言い方をした。彼女の仕事は営業本部長やCOOと同等の重要性をもつ。CEOは彼女がチャンスを無駄にしないだろうと期待していた。

私はアリシャと彼女のチームとみっちり2日間過ごして、新たな「経営の一翼を担う」戦略を練った。変化の輪を使って、アリシャはチームに、創る、維持する、取り除く、受け入れることを1つずつ選び、4つの決定をすればよいと話した。そして彼らは次のことを決めた。

創る――全社の社員レベルを上げる、とくにハイテク部門で優秀な人材を確保するために、採用基準を高めることに力を入れる。新たな戦略では、ベンチマークしている企業とトップクラスの大学からもっと積極的に採用活動をすることとした。

維持する――チームはまるまる1日かけてこれを議論した。この難しい質問に、誰もが異なる答えを持っていた。「守る価値のあるものは何か？」やがて、チームのメンバーは社風の問題にたどりついた。この部門は常にきっちりとした運営を誠心誠意行ってきた。誰もが自由に話した。内紛はほとんどと言ってよいほどなかった。頼まれなくても自分から進んで仕事をするような雰囲気だった。チームは「何をするにしても、このフィーリングを失わないようにしよう」と言った。それは感動的な瞬間だった。チームはこのことを選び出すまで、自分たちがつくり出したこのユニークな快い環境を正しく評価していなかったと思う。

取り除く——これはアリシャが提案した。会社の存在感を高めるために、大学訪問やコンファレンスなどに出る時間をもっと増やすようになれば、上層部がオフィスで過ごす時間が少なくなる。「総務的な仕事を同じようにしていたら、今より戦略的になんてなれないわ」と彼女はメンバーに言った。もっと「従来の仕事」を下の人に委譲すべきだということに彼らは合意した。チームは事務処理にかける時間を30％減少させるという数値目標も設定した。

受け入れる——会社の労働力の改善は一夜にしてできることではない。1年、2年でも難しい。長期的な戦いだ。職務を立派に達成したとしても、彼らが正当に評価されるかどうかは保証の限りではない。現場の管理職は自分たちの手柄だと思うだろう。そこで、彼らは賢くも、変化にどのくらい長くかかるか、誰が手柄を手にするかは、ありのまま受け入れることとした。

これが変化の輪のシンプルで美しいところだ。何を変えられて何を変えられないのか、何をなくし、何を維持するかと正面から課題に向き合うと、大胆で簡潔な答えが出てきて自分でびっくりすることがよくある。

変化の輪は、個別でコーチングするときにも役立つ。私たちだけで暗い静かな部屋にいて将来を熟慮しようとしても、頭の中で対立する声がぶつぶつ言ったり怒鳴ったりして気が散ってしまう。大所高所からの質問を突きつけると、私たちを苦しめる頭の中の邪魔な声、小さな悩み、日常の面倒なことなどがずっと後ろのほうに移ってしまう。それでいいのだ。

正直であれば、間違った答えも正しい答えもない。私のクライアントのスティーブのことが思い出される。彼は財務担当のエグゼクティブで、マンハッタンで働いていたが、ハドソン川の向こう岸、ニュージャージー州に住んでいた。彼はこのように答えた。

- **創る**――「もっと通勤時間を短くする」
- **維持する**――「家族の尊厳」
- **取り除く**――「現在の通勤状況」
- **受け入れる**――「ゴルフが上手になることはないだろう」

通勤、家族そしてゴルフ？　そんな3つの組み合わせは聞いたことがなかった。私はスティーブが正気を失ったかと思った（たしかに通勤については前から問題にしていたが）。だが、話し合っているうちに、彼の答えの裏にある固い決意、誠実さが表れてきた。そして行動へのトリガーも明らかになった。

たしかに、スティーブは1日3時間かけてニュージャージーの郊外の家からマンハッタン南のオフィスに通勤することをひどく嫌がっていた。それが妻と3人の子供と過ごす時間を削っていた。ゴルフに情熱を傾けていたことが郊外に住むことを決めた理由の1つだった。ゴルフコースは近くにあった。だが彼の答えを見ると、優先順位が動いたことがわかる。そしてそれらは私が思った以上に互いに関連していた。

彼の生活の中でゴルフの比重が下がったことを認め、受け入れると、郊外に住み続ける理由がなくなった。マンハッタンに戻ろうと思えば戻れる。そうすれば、徒歩通勤して通勤時間を短くし、悩みを取り除き、家族との時間を維持するどころか増やすことができる。そこで彼は大きな家を売却し、オフィスから10分のところに家族とともに引っ越した。そして夕食の時間までに帰宅するようになった。彼にはオフィスで問題となる行動が残っていたが、彼の人生で最大の頭痛のタネが消えた。

何を創り、維持し、取り除き、受け入れるかを考えると、素晴らしいことが起きる。自分で考えたことのある人はほとんどいないと思う。何が重要かを発見することは、ありがたい贈り物であり、お荷物ではない。受け入れてみてほしい。

＊＊＊

なぜ私たちはなりたい人間になれないのかを考えていると、否定的な選択肢の一覧表が並び、変わる機会に抵抗する了見の狭い怠け者のように思えてしまうことに気づいた。それはかまわない。何かを、なぜしないのかに対処しようとすれば、どうしても否定的にならざるを得ない。

だが、希望がある。ナディームは会議での行動を変えることで仮想敵を取り除いた。レニーはインデックスカードを持ち歩くことで、よりよいマネジャーになった。スタンは家族会議を避けることで家族の軋轢《あつれき》を減らした。

これらの行動の変化は一夜にして起きたわけではない。ナディームは同僚からお墨付きを得るまでに1年半を要した。レニーはいまだに会議に出るときにはインデックスカードを持っている。スタンは「彼の」財団から締め出されたことに文句を言い続けた。新たな家族との形を静かに受け入れられるようになるまでには何カ月もかかった。

彼らは外部の代理人――すなわち私だ――から、外部環境が行動に悪い影響を及ぼしていることを指摘してもらったという有利な点があったことは確かだ。だが、そのようなヒントを得ても、私たちがなぜそういう行動をとるのかの説明にはなるが、それ以上ではない。過去は明らかにするが、これからの道は照らし出さない。

心の中に具体的に描く変化を実践することは、プロセスだ。警戒してこつこつと自己監視を続けなくてはならない。最初は簡単でみっともない、自分がするようなことではないとはねつけるようなことを、機械的に繰り返さなくてはならない。何よりもこのプロセスのよい点は、小さな子供のときに教え込まれたが、成功を楽しみ、失敗を恐れるようになるとやがて失ってしまう本能、すなわち、試すことの重要性を復活させる点だ。

PART

2

6つの質問で実践する

9 能動的な質問の力

自問自答の行動はすべてを変える

私のコーチングでは、ごくわずかな「特効薬的行動」しか使わない。謝るのはその1つだ。間違っていたことを認めた人を許さない人はよほど非情な人だ。謝ることは行動改善の第1歩だ。

助けを求めるのもその1つだ。心から助けを求められて断る人はそういない。助けを求めることで、変わるプロセスが持続され、前進を続けることができる。

楽観主義——心の中で思うだけではなく、それを外に表すこと——も「特効薬的行動」の1つだ。すべてうまくいくと信じる自信にあふれた個人に、人は無意識に惹かれるものだ。こういう人を上司にしたいと人は思う。この人を成功させるために、と残業してでも働く。楽観主義は、変化のプロセスを自己充足的予言へと変えてしまう。これらの行動が特効薬となるかどうかは、**他の人**にきちんとした行動をさせるのにどれだけ効果的か、そして実践がどれだけ容易かによる。

この章では第4の特効薬を紹介しよう。それは「能動的な質問」をすることだ。謝る、助けを求めると同様に、するのは簡単だ。だが、それはまた別の種類のトリガーの仕組みだ。その目的は、自分の行動を変えることであり、他人の行動を変えることではない。だからといって、特効薬の効き目が薄らぐわけではない。自問自答の行動は、すべてを変える。これほど単純で、誤解されていて、滅多に実行されないものはない。

＊＊＊

能動的な質問を、私は娘のケリー・ゴールドスミスから学んだ。彼女はエール大学で行動マーケティングの博士号を取得して、ノースウエスタン州のケロッグ経営大学院で教えている。

私の専門分野における永遠のミステリーについて、ケリーと2人で議論していたときのことだ。アメリカの企業は社員エンゲージメントの研修に100億ドル以上投資をしているのに、その成果があがらないのはなぜなのか。

娘は丹念に説明した。問題の一部は、企業が研修に多額の金を使うにもかかわらず、社員のやる気を促すどころか抑えるようなことをしているからだと言う。それは、会社が社員エンゲージメントについてどう質問するかというところから始まる。これをテーマに調査をするとき、どの組織も、ケリーが言うところの**受け身**の質問——静止した状態を尋ねるのが通常だ。「あなたには明確な目標がありますか?」というのが受け身の質問の例だ。なぜ受け身かといえば、彼らに対して何がなされたかを考えるようにできていて、彼らが自分のために何をしているかを尋ねないからだ。

受け身の質問を受けると、たいていが「環境」を答える。したがって、「あなたには明確な目標がありますか?」と尋ねられて「いいえ」と答えるとき、社員は「私の上司が決断しないから」「会社は毎月戦略を変更するから」などと外的な要因のせいにする。社員が我が身を振り返って責任を感じ、「私がいけないのです」と言うことはほとんどない。何か他のもののせいにする。「あなたには明確な目標がありますか?」という受け身の形は、受け身の説明を生む(「私の上司が明確な目標を設定しないから」）。

その結果、企業が当然ながら次のステップとして変化するための前向きな提案を求めると、社員は再び環境に目を向けてしまい、個人の問題として捉えない、とケリーは論じた。「管理職は目標設定の訓練を受ける必要がある」「経営幹部は会社のビジョンをもっと効果的に伝える必要がある」などが典型的な回答だ。会社は、「どこがいけないのですか？」と聞いているようなものだ。社員は喜んで会社の過ちを次々とあげつらう。

受け身の質問は、本質的に有害なものでも悪いものでもない。会社がどこを改善すべきかを知るのにとても役立つツールとなりうる。一方、意図せずものすごく否定的な結果を生み出す可能性もある。受け身の質問を単体で尋ねるのは、個人的な責任をとり、説明をきちんとすることにとって天敵のようなものだ。自分以外の誰か、何かに責任を押し付ける許可を不当に得てしまう。

能動的な質問は、受け身の質問に取って代わるものである。「あなたには明確な目標がありますか？」という質問と「あなた自身の明確な目標を立てるために、あなたは最大限の努力をしましたか？」との質問の間には違いがある。前者は、社員の気持ちがどうかを見つけ出そうとする。後者は社員に一定の行動を説明するか、弁護するように挑む。ケリーは、受け身の質問はどこでも普通に使われるが、能動的な質問は無視されると指摘する。

私のエンゲージメント歴

素人目には、この議論は複雑な組織行動論に深入りしすぎた父と娘のオタク的意味論にしか見えなかっただろう。

だが、これは私にとっての転換点となった。私たちは従業員エンゲージメントについて話していた。人事の専門家（私の主な顧客層だが）の間では社員エンゲージメントは重要なコンセプトとされている。

経営の世界では、エンゲージメントは神秘的に偶像化された従業員の状況であり、スポーツ選手が「ゾーンに入る」、芸術家が創造の「フロー、没入に入る」のと同じようなものである。人事の専門家にとって従業員エンゲージメントは、ディズニーの「白雪姫」で《口笛吹いて働こう》と楽しく働く白雪姫ほどウブではないが、かなり近いものがある。

完全雇用や世界平和と同様、従業員エンゲージメントも捉えどころのない誤解されやすいものである。何年もこれについて考え、専門家と議論を交わした。私もこのコンセプトをめぐって多様な経験をしてきた。ある人にはエンゲージメントを植えつけるのが大変なのに、なぜある人には容易にできるのだろうか？

人事担当エグゼクティブが集まる会議でコーチングについて講演を依頼されたときに、わからないと思うようになった。私の前に講演したのは、大手企業の人事本部長たちだった。彼らは、従業員エンゲージメントが組織に成功をもたらす主要な要因であると強調した。次のスピーカーは、エンゲージメントの主な推進力について話した。彼は以下のようなあっぱれで野心的な取り組みも含めて話した。

■ 正当な報酬と福利厚生を提供する
■ 適切なツールやリソースを提供する
■ 開かれたコミュニケーションを促す研修環境をつくる
■ 仕事に多様性とチャレンジを与える
■ 権限移譲を上手に行い、直属の部下を育て、仕事を認め、タイムリーなフィードバックを与え、人間関係を築くどれも、もっともだ。熱心で、会社のために与えられた仕事以上の働きを喜んでする従業員は、会社のことをあまり考えない不熱心な従業員よりも生産性が劣ると、いったい誰が論じられるか。報酬が少なく、仕事をこなすのに適切なツールを利用する権利を与えないのは、エンゲージメントを増す素晴らしい方法だと、いったい誰が言えるだろうか。

その後、人事本部長たちはエンゲージメントが過去最低水準に近いと述べた!(2011年のギャラップ社の調査では、ほとんど改善が見られなかった。アメリカ人の71%が「仕事に身が入らない」、あるいは「まったく仕事を熱心にやる気がない」と答えている)*。彼らはこのように仕事に不熱心であることや、教育投資の効果が上がらないことの説明ができなかった。

当時、これは私にとっては新たな発見だった。企業があれほど研修に投資をしていながら、エンゲージメントが改善しないというのは解せなかった。

だが、それでショックを受けるほうがどうかしていた。飛行機に乗るたびに、それを裏づける証拠を見ていたのだから。3時間ほどのフライトが多いのだが、前向きでやる気のある、陽気で熱心なキャビン・アテンダントもいる。従業員エンゲージメントのお手本のような人たちだ。だが、後ろ向きで、やる気がなく、暗く、惨めな雰囲気の人もいる。彼らは「まったく仕事を熱心にする気がない」人たちだ。

何がこの違いをもたらすのか。両方のアテンダントの環境はまったく同じだ。同じ飛行機、同じ顧客、同じ報酬、同じ労働時間。研修もきっと同じだろう。それなのに、エンゲージメントのレベルには雲泥の差がある。

空港のカウンターやクラブ・ラウンジで、ひそかに私だけのエンゲージメント・テストをし始めた。アメリカン航空のマイレージカードを提示するよう求められるたびに、私は従業員の反応を見た。私は1100万マイル飛行していて、アメリカン航空の上顧客だ。マイレージカードは普通のカードと変わらない（ジョージ・クルーニーが映画「マイレージ・マイライフ」の中で、1000万マイルを達成したときに受け取ったような、かっこいい黒の艶消しのカードではない）。だから私は航空会社の社員に、「こういうのを以前に見たことがある？」と尋ねて、注意を引くようにする。気の利くやる気のある従業員なら、私のすごいマイレージ数を見て、私にうやうやしく接するはずだ。これだけ搭乗して航空会社にお金を注ぎこんでいるのだから。だが、機内スタッフのエンゲ

＊Nikki Blacksmith and Jim Harter, "Majority of American Workers Not Engaged in Their Jobs," *Gallup Wellbeing*, November 2011.

4つのエンゲージメントレベル

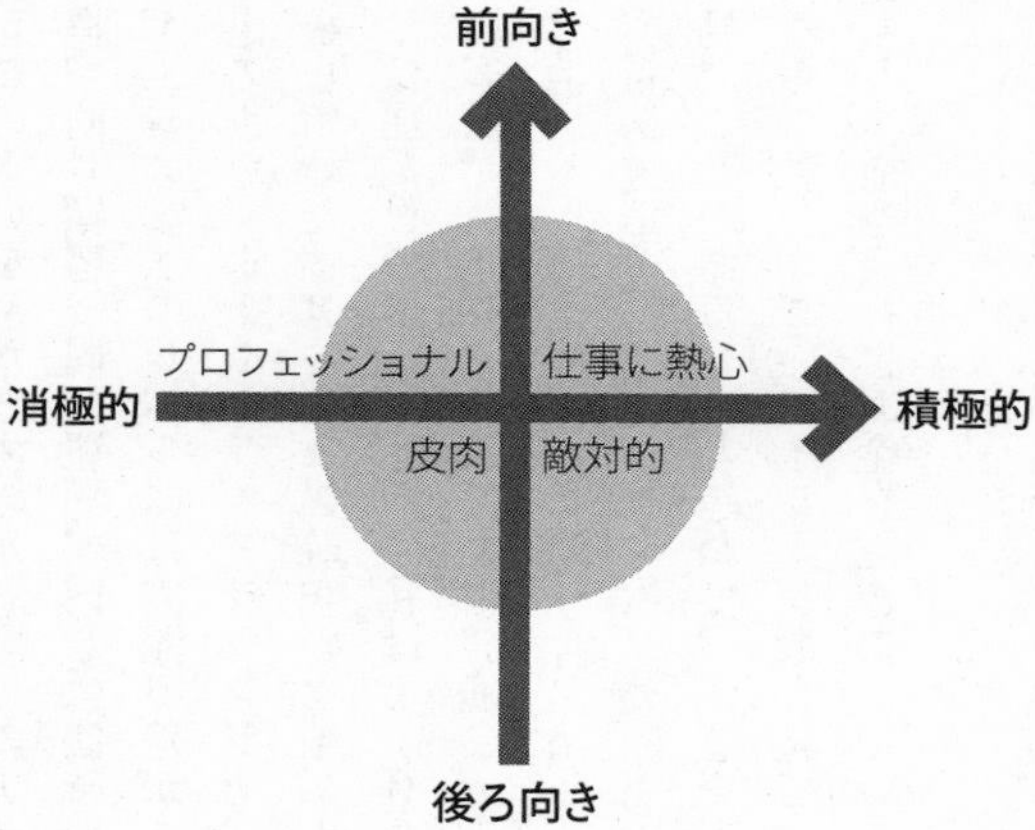

ージメント・レベルの差を考えると、地上係員にもあまり高い期待をもてないと思っていた。

私の経験では、エンゲージの高い従業員は仕事に前向きに取り組み、先を読んで仕事する。やっていることを楽しむ。それどころか、自分の熱意を世界中に自慢することを厭わない。前向きと後ろ向き、積極的と消極的といった定性的評価を使って、私の1100万マイルのカードに対する反応で、エンゲージメントのレベルを4つに分類した。

仕事に熱心――積極的で前向きな従業員は、それまでカードを見たことがないようにじっくり眺め、「すごーい」といった類のコメントをする。他の同僚を呼んで、カードを見せる人もいる。ご愛顧を感謝しますと心から言う。すぐに忘れてしまうような会話で、それは交流のレベルまでいかない。友人関係には決してならない。たぶん二度と会うことはないだろう。でも、こういう従業員は私をとてもいい気分にしてくれる。これがエンゲージメントだ。

プロフェッショナル――おとなしいポジティブな反応もある。ダラス空港のカウンターにいた女性は真面目に、感じよく「ご愛顧に感謝します」と言った。それはそれでいい。感謝されていると感じさせてくれたから。彼女はプロフェッショナルだった。

皮肉――もっとも一般的な反応は、消極的でネガティブな調子の「ほう、それはそれは」「なるほど」といったものだ。仕事に飽き飽きして顧客がどうであれ無関心。こういう従業員は表面的には従順で積極的に見えるが、声の調子でどうでもよいと思っているのがミエミエだ。

敵対的――エンゲージメントが最低のところに位置するのは、積極的にネガティブなタイプだ。彼らは仕事を嫌い、我慢するのがやっと。せいぜい、同情の対象として私を扱う程度だ（「こんなこと長くやらずに済むといいですね」）。最悪の場合には、私の存在自体を攻撃してくる。「あんたたちみたいにしょっちゅう飛んでいる人には、ほとほと嫌になるね。マイルが多いと航空会社に何かして貰えるって思うんだから」（彼が「マイル」を強調して、マ・イ・ルと言ったのはとくに面白かった。一般論として、「あんたたちみたいな人」と出てきたら、次にいい言葉が続くことはない。彼は期待を裏切らなかった）。

サービス業で「敵対的」あるいは「皮肉」な人に会うと、2つの疑問が湧く。

■どんな天才が君を接客の仕事に採用したんだろう？

■君は、どうしたんだい？

最初の疑問に答えるのが私の仕事の中核だ。その後、私は従業員研修のあとにフォローアップをする重要性を企業に強く勧めるようになった。**人はフォローアップなしではよくならない。だから社員のフォローアップをして改善していこう。**これは私のモットーだ。

能動的な質問を試す

私の娘は、私が会社のほうに目を向け過ぎていることを気づかせてくれた。誰が彼らを採用し、接客サービスの現場に放り込んだのだろうと考えること自体が、従業員ではなく、雇用主がエンゲージした社員をつくり出す責任を持つと考えているいい証拠だ。フォローアップを強調し、従業員の失敗をもっときちんと記録に残すように仕向け、たんに会社の負担を増していただけだった。

間違えていたわけではないが、私は恒等式の残り半分を無視していた。つまり従業員が自分たちの行動に責任をもつ観点だ。会社がキャビン・アテンダントにエンゲージしてもらうように何をしたかで違いが出たわけではない。違いは、キャビン・アテンダントが自らエンゲージするように何をしたかにあったのだ！

これは私にとって、目から鱗の発見だった。私はケリーと共同で、研修を受ける従業員に能動的な質問の効果をテストすることにした。フォローアップの質問を別の言い方にすると、効果の違いが数値に現れるのではないか。能動的な質問は、ポジティブな違いを生み出すのに周りが何をしてくれるかではなく、彼らが何をできるかに着目するからだ（ジョン・F・ケネディは、「国があなたのために何をしてくれるかではなく、あなたが国のために何ができるかを考えようではありませんか」とアメリカの歴史に残る素晴らしい呼びかけをした。彼はこのことを知っていたに違いない）。

最初の実験では、3つのグループに分けてみた。第1のグループはコントロールグループ（統制群）で、事前に何の研修も受けずに、幸福、人生の意義、ポジティブな関係構築、エンゲージメントについて「前と後」でどう変わったかの質問を受ける。

第2のグループは、職場と家庭での「エンゲージメント」について2時間の研修を受ける。この研修は毎日（10営業日にわたり）、フォローアップをされる。質問は受動的だ。

①あなたは今日どの程度幸せでしたか？
②あなたの1日はどの程度意義あるものでしたか？
③周囲の人とあなたはどの程度ポジティブな関係を持ちましたか？
④あなたはどのくらいエンゲージしていましたか？

第3のグループも同じ2時間の研修を受け、毎日（10営業日にわたり）、フォローアップをされる。だが、質問は能動的だ。

①幸せになるために、あなたは最大限の努力をしましたか？

②人生の意義を見つけるために、あなたは最大限の努力をしましたか？

③周りの人とポジティブな関係を構築しようと、あなたは最大限の努力をしましたか？

④できる限りエンゲージするように、あなたは最大限の努力をしましたか？

2週間後、3つのグループの参加者は、幸せ、人生の意義、ポジティブな関係構築、エンゲージメントがどの程度増したかを質問される。

その結果には驚くほどの一貫性が見られた。統制群は（統制群の常だが）、何の変化も見せなかった。受動的質問を受けたグループは、4つの領域すべてでプラスの改善を示した。能動的質問を受けたグループはすべてで2倍の改善を示した！　能動的質問は、求める研修の成果を2倍も効果的にした。どんな形でもフォローアップすれば、しないときと比べ優れているが、フォローアップの質問の仕方をちょっと変えて、個人がコントロールできることに焦点を合わせることで、著しい違いが現れるのだ。

10 エンゲージのための6つの質問

6つの能動的な質問の効果

1つの調査で、すべての疑問に答えが見つかることはありえない。それどころか、もっと答えを知りたくなるばかりだ。そこで私たちは2回めの調査を続けて行うことにした。今回は、安定的に参加者を確保できるように、私のリーダーシップセミナーを受講する人を対象にし、10日間毎日、6つの能動的な質問に答えてもらった。従業員をエンゲージさせる私の経験と文献に基づく要因で、質問を「リバース・エンジニアリング」してみた。以下が、6つのエンゲージングの質問とその理由である。

Q1　明確な目標を設定するために、私は今日、最大限努力したか？

明確な目標を持つ従業員はそうではない従業員と比較すると、はるかに高いエンゲージメントだった。驚くに値しない。明確な目標を持たずに「私はしっかりエンゲージしているか？」と自問しても、「何をするためにエンゲージするんだ？」という質問が次にくるだけだ。これは大きな組織にも個人にも当てはまることだ。明確な目標がなければエンゲージメントはない。2008年の金融危機のあと、3年の間に回転ドアのように3人のCEOが目まぐるしく交代した銀行のエグゼクティブたちにコーチングした。組織は方向性を失っていた。それは経営上層部のエンゲージメント・スコアがメタメタだったことに現れていた。「私には明確な目標があるか？」という質問には最低のスコアがつけられた。質問を能動的な形に変えると、すぐさま変化が現れた。リーダーたちの無責任さにやる気を失っていたエグゼクティブは、誰かに方向性を示してもらうのを不毛に待つのではなく、その日の方向性を自ら設定するようになると、俄然エンゲージするようになった。

Q2　目標達成に向けて進歩するために、私は今日、最大限努力したか？

テレサ・アマビールは、論文「進捗の法則」の中で、「進歩をしている」と感じている従業員は、そうでない人に比べてエンゲージ度が高いとしている。私たちは目標を必要とするだけではない。その目標に近づいているのだとわかることが必要だ。そうでなければ、欲求不満が溜まり、意気消沈してしまう。目標を決めたのに、それに向かってよくなるのではなく悪くなってしまったら、どう感じるか想像してみてほしい。どのくらいエンゲージしていられるだろう？　進歩があれば、達成はさらに意義あるものになる。

Q３　人生の意義を見つけるために、私は今日、最大限努力したか？

今更だが、私たちは人生の意義や目的を見つけることで人生が改善するかなどと、激論する必要はないだろう。ここでは、ヴィクトール・フランクルが１９４６年に出版した古典的名著『「生きる意味」を求めて』に従うこととしたい。アウシュビッツを生き延びたフランクルは、人生の意義を求めて苦労すること、結果ではなく苦労して取り組むことが、想像を絶する環境であっても、私たちを守ってくれるとする。人生の意義を与えてくれるのは、会社のような外部の機関ではなく、私たち自身なのだ。

この質問は、何をするにも人生の意義を見つけるために創意工夫をするように挑んでくる。

Q４　幸せであるために、私は今日、最大限努力したか？

幸せが従業員エンゲージメントの要因かどうかは、いまだに議論が分かれるところである。幸せと人生の意義は密接に関連するから、両方が必要だと私は思う。従業員が幸せだが、仕事に意義を見出せないとき、彼らは気晴らしをしているだけで、人生を浪費しているかのように空しく感じる。一方、従業員が仕事は意義あるものと思いながら幸せを感じていないのであれば、彼らは殉教者のように感じている（そして、そのような環境に長くいたいとは思っていない）。ダニエル・ギルバートが『幸せはいつもちょっと先にある』に著わしたように、何が幸せにしてくれるかを私たちはうまく予想できない。幸せは「そこにある」（仕事、お金、よりよい環境）と思うが、えてして「ここにある」。私たちに喜びをもたらし与える責任があるのは、自分以外の誰か、何かだ。そう考えて待つのをやめたときに、幸せは私たちの足元にあることがわかる。

Q５　よい関係を構築するために、私は今日、最大限努力したか

ギャラップ社は、従業員に「職場に親友がいますか？」という質問をして、その答えがエンゲージメントと直接関連することを見つけた。質問を受動的なものから能動的なものに変えることで、既存の関係をとやかく言うのではなく、ポジティブな関係

を継続して構築する、さらには新しい関係を築く必要があることを思い出させられる。「親友を持つ」最高の方法は、「親友になろうとすること」だ。

Q6　心からエンゲージするために、私は、今日最大限努力したか？

これはエンゲージングの質問の核心だ。**エンゲージメントのレベルを高めるために、エンゲージするように私たちは最大限の努力をしているかと**問わねばならない。陸上選手は練習で速く走れば、そしてタイムを測れば、競技で速く走れる。同様に、社員ももっとエンゲージしようと常に努力をしていれば、そしてその努力をきちんと計測していれば、職場でもっとエンゲージするようになる。それは自己実現的な流れだ。エンゲージメントのレベルを測ることがエンゲージしようという気持ちを高める。そして自分自身のエンゲージメントに個人的に責任を持たねばならないことを確認する。

＊＊＊

私のセミナーに出席する人に任意で6つの質問に答えてもらう。10日後、フォローアップをして「どうですか？　改善しましたか？」と尋ねる。今までに79のセミナーで2537名の受講者に尋ねてきた。そして、信じられないほどよい結果を得た。

■ 37%は、「6つすべてで改善があった」と回答した
■ 65%は、「最後の4つの項目で改善した」と答えた
■ 89%は、「少なくとも1つ改善した」と答えた
■ 11%は、「何も変わらなかった」と答えた
■ 0・4%は、「少なくとも1つの点で悪化した」と答えた（不思議だ！）

誰でも、変わることには大きな抵抗を示すことを考えると、この調査の結果、能動的に自分に問いかければ、それは新たな外の世界との関わり方を引き起こすトリガーとなりうることがわかった。能動的な質問は、どこで努力し、どこで諦めるかをはっきりさせる。そうすることで、実際何を変えられるかの感覚を磨くことができる。被害者意識ではなく、コントロールしている感覚、責任を持つ感覚を得ることができる。

質問を日課にする

あなたは**明確な目標を持っていますか?**と、**明確な目標設定をするために最大限の努力をしましたか?**の質問の違いを考えていたとき、私自身の人生で同じ受動的と能動的のエラーを犯してきたことに気づいた。

何年もの間、私は毎晩「日課の質問」と呼ぶフォローアップを日課としている。私が世界のどこにいようと誰かに電話をしてもらい、私自身が書いた質問に私が答えるのを聞いてもらう。毎日欠かさず。長い間、質問は13あった。多くは健康に関連したものだった。なぜなら、健康でなければ……ま、言うまでもないだろう。最初の質問はいつも、「今日はどのくらい幸せだったか?」だった(それは私にとって重要なことだったから)。それに続く質問は次のようなものだった。

- 今日はどのくらい有意義な日だったか?
- 今日の体重は?
- リダに、何か優しいことを言うか、するか、したか?

などなど。毎日正直に答えなくてはならないという恐れの気持ちがあったから、もっと幸せで健康的な人間になるという目標を見失わずにこられた。1年のうち半分は出張というめちゃくちゃな人生を送る私にとって、10年以上1つだけ変わらぬ、自分で決めた自己規律だった（このテストをすることを自慢しているわけではない。いかに自己規律に欠けているかを告白しているだけだ）。

クライアントに長時間散歩をしながらセッションをしましょうと提案して同意してもらったなら、何分歩いたかを報告する。夜遅く就寝し朝早く目覚めたら、睡眠時間が短かったことを報告する。もしその日のうちにリダに連絡するのを忘れたら、最後の質問に対する答えは、「ノー」だ。この電話は長くても2分とかからない。

ケリーの言う能動的・受動的の観点から私のリストを見直してみると、多くの質問はあまりに受動的で、まずい聞き方になっている。刺激的でもやる気を触発するものでもない。特別に努力しようという気持ちを引き出すトリガーになっていない。たんに目標と比較したその日の私の成績を測るために質問しているだけだ。テレビを見て成績が悪かったとしても、私の回答には自己叱責、罪の意識がついて回らない。たるんでいる、自分にがっかりしたと思わせるものは何もない。翌日ちゃんとやればいい。受動的な質問に答える人が誰でもそうであるように、私は自分の過ちを、自分のことというより環境のせいにしていた。

実験的に、ケリー式の「最大限努力したか？」の質問に変えてみた。

■幸せになろうと最大限努力したか？
■人生の意義を見つけようと最大限努力したか？
■健康的な食事をしようと最大限努力したか？
■よき夫になろうと最大限努力したか？

突然、私はどの程度達成をしたかではなく、どれだけ努力をしたかを尋ねられるようになった。その違いは、私にとって意味のあるものだった。もともとの問いかけでは、幸せでなくても、リダに連絡を入れなくても、自分以外の何かの要因のせいにすることができた。今日は幸せな気分になれなかった。飛行機がエプロンで3時間も待機したからだ（つまり、私の幸せ度は航空会社の責任だ）。今日は、食べ過ぎた。というのもクライアントが彼のお気に入りのバーベキューの店に連れていってくれたからだ。そこは量がたっぷりあり、カロリーが高く、抵抗できないほどおいしかった（つまり、私のクライアント――いや、レストランか？――のせいで私は食欲をコントロールできなかった）。

「私は最大限努力したか」という言葉を付け足すと、**努力する**という要素が加わってくる。私のQ&Aのプロセスに当事者意識と責任が加わってくる。このチェックリストを使って2、3週間すると、意図しなかった結果が出てきた。能動的な質問は、答えを引き出すにとどまらなかった。私の目標に対して異なるレベルのエンゲージメントが生まれてきた。私の努力を正確に説明するには、ただ「イエス」「ノー」「30分」などと答えるわけにはいかなくなる。どう答えるかを見直す必要が出てきた。

1つには、努力を計測しなくてはならない。そしてそれを意味あるもの、すなわち、右肩上がりの傾向で実際に進歩を見せているかどうかを見るためには、相対的評価で計測して直近の日とそれ以前の日々と比べる必要がある。私は1から10で点数をつけることにした。10点が最高得点だ。**幸せになろうとする努力**の点数が低かったら、責める相手は自分しかいない。毎回目標を達成できないかもしれないが、努力しないことに関しては言い訳がきかない。誰だって努力はできる。

「リダに何か優しいことを言ったり、したりしたか？」という質問なら、数分電話して「愛しているよ」と言えば勝利を宣言できた。「よき夫になるよう最大限努力したか？」という質問だと、ハードルがずっと高くなる。

能動的プロセスはほとんどなんであっても、改善に役立つ。1日わずか数分のこと

私自身の日課の質問	第1週の日							
私は次のことに最大限努力したか（10点満点）	1	2	3	4	5	6	7	週平均
1　**明確な目標を設定する**	10	9	10	10	7	9	4	**8.43**
2　**目標達成に向けて進歩する**	8	10	10	9	8	9	6	**8.57**
3　**人生の意義を見つける**	7	9	10	9	9	9	6	**8.43**
4　**幸せである**	8	10	9	8	10	9	9	**9.00**
5　**よい関係を構築する**	4	9	10	9	9	10	5	**8.00**
6　**心からエンゲージする**	6	10	10	9	8	9	6	**8.29**
7　何か新しいことを学ぶ	8	3	2	3	9	3	9	**5.29**
8　新たなプレゼン資料を作成する	10	0	0	1	7	2	8	**4.00**
9　全クライアントとの関係を維持する	10	10	10	10	10	10	10	**10.00**
10　今あるものに感謝をする	10	10	8	10	7	10	9	**9.14**
11　怒りのコメント、人の心を打ち砕くようなコメントをしない	8	10	7	9	10	10	10	**9.14**
12　自分や他人の間違いを見つけても許す	10	10	10	10	6	10	8	**9.14**
13　意味もなく、自分は正しいと躍起にならない	10	4	6	4	10	9	10	**7.57**
14　変えられないことにエネルギーを浪費しない	9	8	6	8	10	9	10	**8.57**
15　運動する	8	10	10	10	10	3	8	**8.43**
16　瞑想する	1	9	10	9	8	8	8	**6.14**
17　よい睡眠をとる	10	8	10	10	10	10	10	**9.71**
18　健康的な食事をとる	10	10	2	4	4	7	3	**5.71**
19　リダに何か優しいことを言うか、する	8	8	8	10	8	5	8	**7.86**
20　ブライアンに何か優しいことを言うか、する	8	8	8	8	8	8	0	**6.90**
21　ケリーに何か優しいことを言うか、する	5	5	10	8	8	5	0	**5.90**
22　リードに何か優しいことを言うか、する	0	0	0	0	5	0	0	**0.71**

だ。だが、警告しておこう。自分の行動——そして努力のレベル——という現実に毎日直面しなければならないのは、しんどいことだ。

それ以降、私は何度も日課の質問を変えていった。リストが変わっていかないのなら、リストは機能していないということだ。ある問題で改善が見られなかったり、新たに取り組むものが出てきたりしたら、そのつどリストを変える必要がある。右ページに挙げたのは、私が毎日チェックする最新の「最大限努力したか」リストにある22の質問だ。

ご覧のとおり、最初の6つの質問は誰にでもお勧めしたいエンゲージメントに関する質問だ。次の8つの質問は、**創る**、**維持する**、**取り除く**、**受け入れる**という「変化の輪」の基軸となるコンセプトに関連する。たとえば、何か新しいことを学ぶ、何か新しいプレゼン資料を作るというのは、創ることだ。感謝を表すのは維持すること。怒りのコメントを避けるのは取り除くこと。意味もなく、自分は正しいと躍起にならないというのも同じだ。変えられないものをそのまま受け止め自分自身を許すのは受け入れること。残りの質問は私の家族と健康に関するものだ。

質問はいくつあればよいということはない。1人ひとりが選ぶもので、いくつの問題に取り組みたいと思うかによる。私のクライアントには、毎晩チェックするのは3

つか4つという人も何人かいる。私の場合は22だが、それは手助けを必要とすることが多いから（言うまでもないが）だが、これを長くやってきているからということもある。成功した人が日課の質問を始めるとき、明らかに目標にするだろうと思われる広範囲にわたる対人関係の問題を長年扱ってきた。たとえば、いつでも人に勝とうとする気持ちを抑えるとか、もっと協力的になるといったことだ。こういった問題を私は「克服」してきた。少なくとも私の日課の質問リストに載せなくてもいいくらいにはなっている。

前出の表に挙げた1週間は、アメリカ国外での典型的なものだ。私はニューヨークからローマに飛び、それからバルセロナ、マドリッド、チューリッヒ、そしてシンガポール経由ジャカルタ行きのフライトに乗った。ヨーロッパの三都市では長時間のプレゼンテーションをした。旅行につきもののイライラを感じることがあった。運転手がやってこなかった（腹を立てる言い訳に使えるものだ）。熟睡できた日もそうでもない日もあった（時差のせいにできる）。食事に関してはきつかった。ローマとマドリッドでは誘惑にかられる食事の場面があった（食べ過ぎの言い訳に使える）。人前に立ち、プレゼンテーションをするのを私は心底楽しんだ。長い時間メールやその他の雑用に時間を割かれた。望んでいたほど原稿を書けなかった。これらのことが毎晩点数をつけるときに思い出される。この週を要約すると、次のようになる。

「私はもっとよい義理の父親になるべきだ（義理の息子のリードはすごくいい奴だ）。このスケジュールは65歳の男にはちょっと常軌を逸している。今していることを続けていきたい、だが、ちょっとスローダウンしたほうがいいかもしれない（さて、どうだか。これを日課の質問に目標として加えていないのなら、私は本気じゃないということだ）」

つまり、あなたがつくる日課の質問は、あなたの目標を反映すべきということだ。それは他人に見せることを意図していない（このテーマで本を書くつもりでなければだが）。したがって批判を受けるようになっていない。誰かにすごいと思ってもらうためにリストをつくるのではない。あなたのリスト、あなたの人生だ。「最大限努力したか？」の質問では、1から10で点数をつけている。あなたがうまくいくと思うものを使えばいい。気をつけなくてはいけないのは、次の2つだ。

■それらの項目は私の人生に重要なことか？
■これらの項目に成功すれば、なりたい自分になるのに役立つか？

毎日自問することの秘密のパワー

能動的な質問は、名目上の区別ではない。世論調査の専門家は、取材対象者にど・の・よ・う・に質問をするかによって、投票の結果が大きく変わってくることを知っている(たとえば、「平和を確かなものにするには軍事力を強化すべきだ」という意見に対する賛否を尋ねられるのと、「平和を確かなものにするには軍事力強化がいちばんだ」と「平和を確かなものにするには外交を通じて行うのがいちばんだ」のどちらを選ぶかと尋ねられるのでは違いがある。外交の選択肢を与えられると、軍事力を選択する人は大幅に減る)。

そこで能動的な質問が特効薬となるのだ。「私は最大限努力したか?」という言葉を挿入すると、努力を引き起こす。

努力することとは、私たちの行動を変えるばかりか、その行動に対する解釈、反応を変える。目標リストの言葉をちょっと変えるというような問題ではない。感情を揺さぶる思いがけないパンチとなって変わろうと強く思うようになるかもしれない。あるいは、すっかり打ちのめされて諦めてしまうかもしれない。

行動を改善しようと思って日課の質問を考えてみよう。普通なら、ある程度予想のつく広範なカテゴリーにまたがる。健康、家族、人間関係、お金、啓発、自己規律などが考えられる。

親しい人との関係で1つか2つの目標がある（配偶者に優しく、子供にもっと我慢強くなど）、食事や健康の目標がいくつか（糖分の摂取を減らす、ヨガのクラスに出る、毎日歯のフロスをする）、時間管理の目標（深夜になる前に就寝する、テレビを見る時間を1日3時間以内にする)。

職場での行動に関するものもあるだろう(人に手助けを求める、人脈を広げる、新しい仕事を探す)。もっと具体的にキャリアアップに関するもの(ブログを始める、専門分野の人が集まる会合に参加する、業界専門誌に論文を書く)も考えられる。

知的な刺激を求めるものもあるだろう(『ミドルマーチ』を読む、美術の講座を受ける、中国語を学ぶ)。また、望ましくない習慣をやめるというのもある(爪を噛む、「えーと」と言いすぎる、洋服を床に脱ぎ捨てる)。

また、短期的な目標は、すぐに達成できそうな具体的なものがいい。たとえば何かの雑用を片づけるとか、部屋の模様替えをするなどして気分転換するとか。

さあ、始めよう。目標をチャートに書き出して1日の終わりに採点できるようにしよう。できる限り「私は最大限努力したか?」という形で質問をつくろう。次にリストを見て、これから30日の間にうまくやれる可能性がどのくらいあるかを考えよう。

普通の人は(90%の人は自分が平均以上だと思っている)、すべての目標を達成する可能性は50%以上だと考える。

自信満々、自己改善プロジェクトを始めるときには、それはもっともな想定だ。だが、計画するのは上手だが実行するのは下手というのが世の常だから、そうはうまくいかない。

この日課の質問の練習を講義で話すとき、私は自信たっぷりに予言する。「2週間以内に、みなさんの半分は日課の質問に答えるのをやめるでしょう」

そして、目標のいくつかを怠けるようになるだけでなく、採点をすっかり諦めるようになると説明する。プロセスすべてを諦めてしまう。それが人間だ、ということだ。どのグループでも、自分たちで採点をしていても、全員がAを取ることはできない。他の人より努力する人がいて、ピラミッドができる。私はそうなる事例を嫌というほど見てきているから、予言に自信がある。毎日自分と向かい合い、人生でとても重要だと言っておきながら努力すらしていないという現実を直視するのは実に厳しいことだ。

とても熱心にチェックリストと日課の質問を実行する人――このコンセプトをとくに強く信じる優等生――そういう人でも、この苦痛からは逃れられない。ボストンの外科医アトゥール・ガワンデが著書『アナタはなぜチェックリストを使わないのか?』を2011年に出版したとき、彼と電話で私の日課の質問について話した。彼はこの考え方に興味を持ち、質問を彼の日課に取り入れると言った。

2、3カ月後、彼に尋ねたところ、質問がどれほど彼の生活を変えたか話してくれた。彼は健康に恵まれ、まだ40代だが、妻と2人の息子を扶養している。彼は、家族を守る生命保険に入っていないことを気にかけていた。そこで彼は日課のリストに次の質問を加えた。**生命保険を更新したか?** それは行動目標というほどではない。というより一度片づけたらリストから消せる雑用のようなものだ。それなのに……。

14日間続けて、彼は生命保険の質問に「ノー」と答えた。

ガワンデ博士はリストにノーが並ぶのを見て落ち込んだ。見知らぬ人の生命を毎日救っているというのに、もっとも愛する人たちを守るために生命保険に申し込むという単純な作業ができないという皮肉な状況を彼は認識していた。彼は自分が作ったテストに落第していたのだ。

だが、皮肉は行動のトリガーとはならない。ノーが続いたことで大きく動揺した、とガワンデは話してくれた。彼は、こんな単純な、しかも素晴らしい効用をもたらす仕事ができなかったことを恥ずかしく思った。

そしてその次の日、生命保険に加入した。

これが毎日自問することの秘密のパワーだ。目標を達成できないでいると、やがて、質問することを諦めるか、自分を行動に追い込むかする。質問を自分で書き、答えを知っている。それなのにできないのだから恥ずかしい、きまりが悪いと思う。「最大限努力したか」と尋ねると、さらに居心地が悪くなる。やらなければとわかっているのに、その努力すらしなかったことを認めなくてはならない。

11 日課の質問を実行する

ダイエットを成功に導いた日課の質問

大手小売りのホールフーズが社員に店内のものすべて、生鮮野菜ですら4割引きの1日割引セールをした。それが、エミリー・Rのトリガーとなった。エミリーは料理学校、カリナリー・インスティテュート・オブ・アメリカを卒業したばかりで、ホールフーズのチャールスタウン支店で働き始めたところだった。それは、ボストンのダウンタウンから数キロ北にある。

エミリーは26歳。彼女はそれまでずっと体重の問題を抱えていた。彼女は何も考えず、ひどい食生活を送っていた。料理関連の仕事をするようになって、問題は悪化した。彼女はいつも料理し、レシピを試し、食べ物のことばかり考えていた。彼女は肥満体で、望ましい体重を少なくとも45キロはオーバーしていた。

でも、４割引きじゃ抵抗なんかできないわ、と彼女は考えた。スーパーの店を見回し、生鮮野菜を買い込むことにした。カリフラワー、ピーマン、ブロッコリ、トマト、アーティチョーク。何かヘルシーな食事をつくり、食習慣と体重をちょっと変えるようにしてみよう。ダイエットを始めてもいいかも。だが、いったい何回ダイエットを始めて失敗したことか、もう数えるのもやめていた。

彼女は店内に新たに設置されたピカピカのジュース・バーにも気を引かれた。うるさい音をたてる機械の周りには、ニンジン、ケール、セロリ、キュウリ、リンゴの山があり、店員は1日中それらを砕いてジュースをつくっていた。そこは店でも人気の場所だった。彼女の友だちは1週間、ジュースだけ飲む断食ダイエットをして短期間に体重を落とした。いわゆるデトックスだ。ジュース・バーのマネジャーにもう少し教えてもらってもいいかもしれない。ともかく、彼女は野菜を買い込むことにした。

マネジャーは体中に刺青をしていたが、ジュースを広めるのに熱心な男だった。彼はエミリーの質問に答え、それからエミリーが断りきれない提案をした。「君が野菜を買えば、ジュース・マシンを無料であげるよ」と彼は言った。その日エミリーは、野菜の入ったショッピング・バッグとクロムメッキのオメガ・ジュース・マシン、そしてジュースに関するビデオ、「肥満、病気、そして半死半生」を自宅に持ち帰った。

彼女は次に、賢い（そして普通ではない）ことをした。彼女は友だちと家族に、60日間のジュース・ダイエットを始めるので助けてほしいというメールを送った。

そこで私がエミリー・Rに紹介されたわけだ。彼女のメールを受けた中に彼女の叔父、マークがいた。彼は長いこと私の著作権の代理人を務めてくれている。彼とは共著もしている。彼はまた日課の質問についてよく理解していた。行動を変えるのを手伝うために、彼はエミリーにコーチを買って出た。

エミリーの話は学ぶところの多い例だ。日課の質問を正しく行う仕組み——質問を選び、採点し、モニターをし、継続する——に関してだけでなく、結果に影響を及ぼす選択と微調整についても勉強になる。

クライアントに会うと、どのくらいその人は許容できるか、何を次回に回そうかと考えて、頭の中で「変化のプロフィール」を描く。どのくらいやる気になっているのか、成功の実績を考え、変化するにはどのくらい社会との接点と自制心が必要かを考える。エミリーには4つの要因があった。すべてが彼女に有利なものというわけではない。

要因1　彼女は助けを求めた

これはいい。変わりたいという気持ちを周りに宣伝するということは、失敗するリスクを広く知らしめ、評判と自尊心を危険にさらすことになる。それが、努力して稼いだお金を自分に賭けるか、お金のかからない友情に賭けるかの違いだ。

要因2　彼女は1人でやろうとしている

減量は対人的なものではなく、1人ですることだ。もっと聞き上手になろうとするなら、他の人の関与が必要になる。自分でしゃべるより他人の話をよく聞くようになったと周りの人が思ってくれるように、新たな行動を一貫して示す必要がある。聞き上手になったと自分で宣言はできない。周りの人がそう言ってくれなくてはならない。エミリーの場合は違う。彼女は1人で減量し、自分で評価する。他人は評価しない。つまずいても自分ががっかりするだけだ。彼女は1人で進める。すなわち、彼女は自分の運命を自分1人でコントロールするということだ。すべてのことを考慮すれば、1人でやることは彼女に有利に働く。

要因3　彼女は「敵」に囲まれている

ホールフーズで働くのは彼女にとって都合のよいことではない。食べ物がふんだんにあり、誘惑に満ちた食品売り場で1日中働くこともそうだが、彼女はチーズ売り場の担当だ。アルコール依存症の人が醸造所で働いているようなもので、減量によい結果をもたらしてくれるような環境にはいない。

要因4　彼女には成功の実績がない

彼女の成功経験の履歴は、私には見慣れないものだった。ビジネス界の私のクライアントと違い、彼女には課題を達成し克服した長期にわたる実績がない。彼女は若く、社会人としての生活を切ったばかりだ。さらに、すでに数回減量に失敗している。成功したビジネスパーソンと比較すると、それは大きく不利な点だ。彼らにとってビジネスで挑戦に立ち向かい成功するのは、筋力トレーニングみたいなものだ。使えば使うほど、筋肉は強くなる。そのおかげでどんな状況でも成功することができるという自信が植えつけられる。

最初にアラン・ムラーリーをコーチしたとき、彼はボーイングの民間航空機部門のトップだった。私がどういうアプローチをとるか説明するのを彼は辛抱強く聞いて、こう言った。「わかった。これは反復可能なプロセスだ」「そうですね、でも、それ以上のものがあります」と私は言おうとすると、アランはニヤリとして、「私はボーイング777をつくったんだ。できると思うよ」と言った。

そのとおりだった。成功した人は、以前に達成した経験という武器を、新たな挑戦に応用することができる。アランは私がコーチングした中で、もっとも早く学んだ人だった。彼は何をすればよいか、すでに知っていたからだ*。エミリーは実績というバックネットを持っていなかった。新たな食習慣を身につけるだけではない。彼女は短期間に**成功する方法**を学ばねばならない。

これがエミリーの初日の「変化のプロフィール」だった。行動を変えるという課題の中でも最難関の問題に取り組まなければならないというのに、よい結果に導いてくれるとはいえない環境で働き、サポートしてくれる仲間のいない中で、ただ1人でやろうとしている。

一方、日課の質問に加え、彼女の叔父が毎晩電話でチェックしてくれるという仕組みとフォローアップができていた。おもしろいことに、ダイエットや減量のプログラムにはこの要素が見逃されている（何を食べればよいかはあるが、どうやってそれを続けていくかは書かれていない)。彼女がとったプロセスは、行動を変えようとするときのよい教材となる。

最初のステップは、何を変えるかを決めることだった。エミリーは6つの目標を定めた。

■ジュース・クレンズを守る
■毎日運動する
■ワインの知識を磨く(彼女はマスター・ソムリエのレベル2の勉強を始めていた)
■友人や家族とのつながりを大切にする
■仕事で新しいことを学ぶ
■職場以外で、他人にやさしくする

*「成功は成功を呼ぶ」という自明の理が、私の成功の主な理由だ。コーチングの対象を大きな成功を果たした人にしているおかげで、すっかり問題がなくなるまで2年間報酬を受け取らないというやり方でこられた。成功した人相手なら、私の勝ち目はどう考えても高い。

彼女の目標は、昔から誰もがあげる自己改善メニューの中から引っ張ってきたように見える。減量する・健康になる・整理整頓する・新しいことを学ぶ・悪い習慣をやめる・もっと貯金する・他の人を助ける・家族との時間を増やす・新しい場所に旅行する・恋をする・ストレスをなくす。それは悪いことではない。他の人が同じ目標を持ったからといって価値が下がるわけではない。

彼女の第2ステップは、能動的質問のコンセプトを受け入れて、**結果**よりも**努力**に注力することだった。彼女は目標を「○○をしたか」ではなく、「**○○に私は最大限努力したか**」と書くようにした。夜10時、彼女の叔父が電話をしてくる。それまでに答えを準備しておく。このようにして変化を目指すプロセスが始まった。日課の質問があり、毎晩叔父のマークがフォローアップしてくる。これではあとに

第2週の日					第3週と第4週の日													
10	11	12	13	14	15	16	17	18	19	20	21	22	23	24	25	26	27	28
10	10	10	10	10	10	10	10	10	10	10	10	10	10	10	10	10	9	10
0	0	0	9	9	8	0	8	8	10	8	8	8	9	10	10	9	10	10
8	7	6	9	9	8	8	7	8	8	8	8	10	10	8	8	10	8	9
3	8	4	8	4	4	5	3	3	6	4	5	3	4	5	7	7	3	2
3	3	10	9	0	4	4	10	5	0	4	4	7	8	2	2	8	0	0
3	7	7	3	10	6	10	7	6	7	7	8	4	3	3	5	5	5	8
27	35	37	48	42	40	37	45	40	41	41	43	42	45	38	42	49	35	39

ひけない。彼女の第1週から第4週のスコアは次のようだった。

日課の質問のよい点で正しく評価されていないのは、データ化に馴染まないもの、つまり**努力のレベル**を数量化するように仕向けることだ。普通はほとんどしない。努力は一段劣るもののように扱われている。失敗したときに私たちは自分にこう言い聞かせる。「できる限りのことをした」「努力という点からはAの成績だ」。だが、結果ではなく努力を数量化して何日かすると、今まで見逃していたパターンが浮かび上がってくる。

たとえば、エミリーは最初の12日間、ジュース・クレンズを守ることで10点満点を取っていた。変化しようと始めたばかりのときに、このような自己管理ができるのは驚くに値しない。なんでも始めたばかりのときには熱中するものだ。計画と実行の間の

エミリーの日課の質問　**第1週と第2週の日**

私は次のことに最大限の努力をしたか?	1	2	3	4	5	6	7	8	9
ジュース・クレンズを守る	10	10	10	10	10	10	10	10	10
運動をする	0	0	0	0	0	0	0	2	0
ワインの知識を磨く	2	3	0	0	0	1	4	10	10
友人や家族とのつながりを大切にする	8	5	6	4	6	3	3	5	5
仕事で新しいことを学ぶ	3	2	2	6	7	10	0	4	9
職場以外で他人にやさしくする	5	10	10	4	4	6	5	6	3
TOTAL	28	30	28	24	27	30	22	37	37

時間が短ければ短いほど、計画を覚えている確率は高くなる。計画と実行の時間が長くなると――私たちを取り巻く環境がさまざまな誘惑をしかけ、注意を散漫にさせて邪魔してくる――そして私たちの熱意が冷め、自己管理能力も弱まっていく。

だが優先順位2番めの目標である「毎日運動する」では、彼女はゼロを11回、2を1回つけた（その日は散歩をした）。彼女の叔父は、ほぼ2週間無視していたなら、それは重要な目標とは言えないと指摘した。なぜ、そもそもリストに載せたんだ？

それがエミリーの目を覚ました。彼女は「愛のむち」と呼んだが、それによって極端な減量をしていくときには、同時に運動をしないと健康的ではないということを認識させられた。翌日、彼女はプールのある地元のYMCAに入会し、1時間水泳の時間をとることにした。13日めに、「今日、私は運動を

第6週の日					第7週と第8週の日													
38	39	40	41	42	43	44	45	46	47	48	49	50	51	52	53	54	55	56
10	10	2	2	2	10	10	10	10	10	10	10	10	10	10	10	10	10	10
10	10	8	8	8	8	8	8	10	8	6	10	9	10	10	8	4	10	10
10	10	5	5	5	7	8	8	10	7	10	10	10	9	10	2	6	10	10
3	1	10	10	10	9	5	4	7	5	7	6	3	-	-	-	-	-	-
4	7	0	0	0	4	4	4	6	3	6	6	6	-	-	-	-	-	-
5	8	4	4	2	6	9	9	3	6	3	3	5	-	-	-	-	-	-
42	46	29	29	27	44	44	43	46	39	42	45	43	29	30	20	20	30	30

する最大限の努力をしたか？」という項目に9をつけている。それで、彼女の気づいた瞬間がわかるだろう。24日めに、彼女は運動の予定にビクラム・ヨガの入門クラスをつけ加えた。温度を33度まで上げた部屋で90分運動をして、彼女は卒倒寸前になった。そして、初めて10をつけた。第4週めの終わりには彼女の体重は15キロ減っていた。

次の4週間も同じようだった。よいときも悪いときもあった。何が重要で何がうまくいき、何はしなくてもよいかがわかるようになった。彼女のスコアは以下のようになった。

ジュースの列に10が並んでいるのは素晴らしい。10ということはエミリーが完璧な努力をしたことを意味する。つまり、つまずくことも横道にそれることもなく、ボトルから注ぐことのできない食べ物をつまみ食いすることもなかったということだ。40日

エミリーの日課の質問	第5週と第6週の日								
私は次のことに最大限の努力をしたか？	29	30	31	32	33	34	35	36	37
ジュース・クレンズを守る	10	10	10	10	10	10	10	10	10
運動をする	8	8	10	9	10	3	3	10	10
ワインの知識を磨く	7	8	9	9	10	9	10	10	10
友人や家族とのつながりを大切にする	9	8	8	6	4	5	6	9	0
仕事で新しいことを学ぶ	4	5	4	3	7	4	3	0	1
職場以外で他人にやさしくする	6	5	5	5	3	2	6	7	6
TOTAL	44	44	46	42	44	33	38	46	37

目から42日目にかけて、スコアが急落している。だが、それは意図的なものだ。彼女はメイン州で開かれた友人の結婚式に出席し、ちょっとお休みをすることにした。みんながシャンパンでカップルを祝い、ケーキを食べているのに「あの女の子」はジュース・ボトルから何かを飲んでいると言われないようにしようと考えたのだ。固形の食事に奇妙な感じを受けて、彼女はジュース・クレンズ再開を喜んだくらいだ。また3日間の「中断」の穴埋めに、60日間のプログラムを3日延長した。

ワインの知識を磨くという第3の項目のスコアが上昇していることも目立つ。ニューヨーク市で行われるソムリエテストが近づいてきて（49日目に当たる）、彼女は詰め込み勉強を始めた。自由になる時間は勉強に充てたから9か10の点数をつけている。

51日めから、質問の4番めから6番めには「-」がつけられるようになった。エミリーはこれらの目的をこれ以上測定する必要がないと結論した。自然にできるようになり、「最大限の努力をする」課題としての行動ではなくなったからだ。彼女は目標を3つに減らした。それで十分だった。彼女は諦めたわけではない。取り除いたのだ（貴重なスキルだ。これは第13章で再び触れる）。

63日め、厳格なジュース・クレンズをやめた日。エミリーは25キロ体重を落としていた。マスター・ソムリエのレベル2にも合格した。彼女は水泳かヨガのクラスに、

エミリーの日課の質問	第9週の日						
私は次のことに最大限の努力をしたか?	57	58	59	60	61	62	63
ジュース・クレンズを守る	10	10	10	10	10	10	10
運動をする	8	8	10	10	9	10	10
ワインの知識を磨く	7	6	4	9	9	7	9
友人や家族とのつながりを大切にする	-	-	-	-	-	-	-
仕事で新しいことを学ぶ	-	-	-	-	-	-	-
職場以外で他人にやさしくする	-	-	-	-	-	-	-
TOTAL	25	24	24	29	28	27	29

少なくとも週5日は通っている。彼女は子供の頃から変えようとしていた行動を長期間維持することに成功した。

もっとも辛かったのは始めたばかりのときだった。第8章で述べたように、**創り、維持し、受け入れ、あるいは取り除く**ことで私たちは変わる。これまでのところエミリーは取り除くことに専念していた。何年も悪い食習慣を続けたあと、彼女は極端な否定を選択した。体にショックを与えるために固形の食べ物を諦め、代謝をリセットし、急速な減量を始めた。

だが、男も女もジュースだけでは生きていけない。2カ月後、エミリーは深刻な栄養不足をもたらすプログラムをやめる必要があると知っていた。ジュース・クレンズはうまくいった。厳格な仕組みをつくり、毎日食べてもよいものの選択肢を大幅に狭めた。

エミリーの日課の質問フェーズ2	第10週と第11週の日								
私は次のことで最大限努力したか？	64	65	66	67	68	69	70	71	72	…
身体を鍛える	-	-	-	-	-	-	-	-	-	-
体をきれいにするものを食べる	-	-	-	-	-	-	-	-	-	-
ワインの知識を磨く	-	-	-	-	-	-	-	-	-	-
頭を使う	-	-	-	-	-	-	-	-	-	-
TOTAL	-	-	-	-	-	-	-	-	-	-

食事の選択が、ケール・セロリ、マンゴーのジュースか、サツマイモ、ニンジン、赤ピーマン、ビーツ、そしてリンゴのジュースかを選ぶとなると、どっちを選んでも後悔することはほとんどない。身の回りから取り除いてしまえば、チーズとクラッカー、アイスクリーム、あるいは健康的なアーモンドひと掴みといったものに誘惑されることはない。

さて、エミリーはジュースをつくることから卒業して、料理をつくり、新たに食習慣を確立しなくてはならない。彼女は行動を変える第2のフェーズに入った。取り除くのではなく**創り出す**フェーズだ。今まで使っていた日課の質問はもう使えない。彼女のこれからの人生に合う計画に沿って目標を作り直す必要がある。

彼女は上記のようなものを考えた。

これが1年ほど続き、エミリーはさらに25キロ減量し、目標の体重になった。ソムリエテストもレベル3に合格した（残るはおそろしく難しいレベル4だけだ）。また、生まれて初めて5キロのマラソンを走った。

全体的に見て、ハッピー・エンドと言えよう。いや、「エンド」というのは誤りだ。エミリーの物語は継続していて最終の日がとくにない。私たちと同様、彼女は常に以前の望ましくない行動に戻るリスクを抱えている。極端な減量のあとにリバウンドする話はよく聞くところだ。（3分の2の人は3年経つと元の体重に戻ってしまう）。環境──私たちの最善の利益に反するように戦いを挑み嘲笑う悪党──は、必ずそうなるようにと頑張る。私たちは一瞬たりとも油断をしてはならない。私たちはいつだってよくなれる。たとえそれが過去に成し遂げた進歩を維持するだけであっても。

行動改善を成功させる4つのポイント

エミリーの話を引用したのは、彼女のいちばんの目標──体重管理──は遺伝子学的に恵まれたひと握りの人を除き、ほとんどの人が自分の身に照らし合わせて理解できることだからだ。他の人の反応で複雑化することはないから、計測が容易だ。また、減量は自己管理におあつらえ向きだ。なんといっても、私たちの1日は食事を中心に動いている。買い物をして、食事を準備する。あるいは、誰かに何が食べたいかを話す。私たちが環境をコントロールする。環境によってコントロールされるわけではない。

怒りを管理するような重い目標であれ、汚い罵りの言葉を使わないようにする多少軽めの目標であれ、行動を変えようとするときに通常こういった条件は揃わない。そこで日課の質問が大変革をもたらしてくれることになる。行動改善を成功させるために、いろいろな形でもっと快適な環境をつくり上げてくれるのだ。

1 決意を固める

日課の質問は、行動経済学者がいうところの「コミットメント・デバイス」である。何かをしようとする意図を人に知らせる。すると、人に失望されるリスク、人前で恥を受けるリスクがあるから、私たちは実行するようになる。エミリーが友だちや家族に協力を求めたのは、コミットメント・デバイスだった。就寝時に目覚まし時計をセットするのも、時間どおりに起きることへのコミットだ。夕方早い時間に歯を磨く人がいる。それは夜遅くスナックを食べることを回避するためのコミットメント・デバイスだ。就寝前にまた歯を磨くより、食べたい気持ちを抑えるほうを選ぶだろうという怪しげな期待からだが。「罵り言葉の罰金箱」は、品のない言葉を使うたびにお金を貯金箱に寄付する決め事だ。これもよく見られるコミットメント・デバイスだ。プロジェクトを期限までに終わらせると友だちに見栄を切ってお金を賭けるのもそうだ。お金を失うと思えば、たぶん成功に向けて拍車をかけるだろうというわけだ（そのとおり！）。

ソーシャル・メディアのホームページで、行動を変える「契約」をし、失敗したときには、クレジットカードを使って（たとえば、自分の好きな慈善事業、あるいは逆に自分が嫌いな理念に寄付をするなど）金銭的に罰則を与えるものもある。インターネットへのアクセスを8時間切断するソフトウエア「フリードム」や、どのくらい早く痩せたいかによって毎日取れるカロリーの上限を設定する、「ルーズイット！」というアプリもある。何かをしようとするときに頭を回転させるのと同様、コミットメント・デバイスには賢く、荒唐無稽なものが、山のようにある。

利潤追求する企業ですら、行動を始めた。眼鏡メーカーのウォービー・パーカーは、環境・社会に配慮する企業「Bコーポレーション」として組織を再編成し、利益のみならず社会のために働くことにコミットし、メガネを1つ売るたびに、開発途上国に

1つメガネを寄付するというビジネスモデルを採用した。気まぐれに、あるいは業績が低迷したからといっても、法的にあるいは評判を損なうことなしに、やめることはできない。これは実に真剣なコミットメント・デバイスだ。

日課の質問も、人生で何を本当に変えようとしているのかを明確にさせるというだけであったとしても、真剣なものだ。多くの人は、目標を書き出すことで、初めて欠点を認識し、よくなろうと変わることを考えたりコミットしたりするのではないか（大人になってから、初めて真剣に行動を変えようと始めたときのことを覚えているか？　何がきっかけだっただろう？　どのくらいうまくやれたか？　いや、もう少しよい質問に変えよう。大人になってから行動を実際に変えたことがあるか？）。

2 動機に火をつける

一般的に、私たちは2種類の動機で動かされている。

内因性動機は、楽しいからしたいと思うことだ。学校で課題とされていない本を、たんにそのテーマに興味があるので読むのがその一例だ。朝早く起きて楽しんで10キロ走る人は、その活動に関しては高い内因性動機づけを持っている。パン屋で簡単に買えるのに何時間もかけて完璧なパンを家で焼く人もそうだ。日曜の朝クロスワードパズルをする人もそう。楽しい、没頭する、興味がある。それは紛れもない内因性動機だ。

外因性動機は、人に認めてもらう、罰則を避けるなど、外から見返りを受けるために何かをすることだ。学生時代は外因性動機に囲まれている。成績、表彰、奨学金、親からのプレッシャー、見栄えのする履歴書になるような経歴づくり、名門校に合格するなど。これらの外因性動機は、働き始めても消えない。名称が変わるだけだ。給料、肩書き、個室オフィスの大きさ、業績評価、名誉、自由になる接待費の額、ステータスの高いブラックカードのようなクレジットカード、別荘など。これらのご褒美のために私たちは一生懸命働き、よい行いをする。外因性動機の場合、目標を達成してしまうとぐらついてくる。そして、達成したのになぜ望んでいた人生の意義・目的・そして幸せが手に入らないのだろうと思うようになる。

日課の質問は、なんとかうまくやっているところには手をつけず、手助けが必要なところに焦点を合わせる。誰にでもごく自然にできる仕事や行動がある。その場合には外からの応援を必要としない。たとえば私の場合、人前で話すことはとても楽しい。それが収入の大半を占める。本の売上アップにつながる。今お読みいただいているこの本もそうだ。報酬を得るか、無料奉仕か、6人の人に30分話すか、何百人の人に45分の連続講義をするか、いずれであっても、プロフェッショナルとして私がもっとも努力をする領域である。とはいえ、日課の質問のリストに講演があがってくることはない。スピーカーとしての私のやる気をモニターする必要がないからだ。この領域で私は、すでに上限に張りついている。やるのが大好きだし、できる限り長く続けたいと思っている。

もちろん――内部的にせよ、外部的にせよ――、やる気が最適な状態とは言いがたい領域がたくさんある。日課の質問は、それらを直視し、認め、書き出すことを強制する。それができなければ、よくなるチャンスはない。

3 自己規律と自己管理の違いを際立たせる

行動を変えるには、自己規律と自己管理が必要である。この2つの言葉を私たちはどちらも同じように使う傾向があるが、微妙な違いがある。自己規律は、**望ましい行動を達成すること**を指す。自己管理は、**望ましくない行動を避けること**を指す。

朝暗いうちに起き出してスポーツクラブに行く、週次定例会議が予定の時間内に終わるように管理する、机の上をきれいに整理してから職場を出る、手伝ってくれた同僚にありがとうと言うようにする。こういうことが自己規律――ポジティブな行動を常に繰り返すことだ。大好きなことをしないようにするとき、たとえば誰かに対して知ったかぶりをしたくなる気持ちを抑える、デザートのお代わりを断るなどは自己管理だ。

どちらか一方のほうが得意な人が多い。ポジティブな行動を繰り返すのは上手だが、後ろ向きな行動を避けるのが上手ではない、あるいはその逆だったりする。この食い違いが私たちの矛盾を説明する。厳格なベジタリアンがタバコを吸ったり、ジムのパーソナル・トレーナーがブヨブヨしていたり、会計士が個人破産したり、エグゼクティブ・コーチが自分自身コーチを必要としていたり。

自己規律を好むか、自己管理を好むかは日課の質問をどう書くかでわかる。「砂糖の摂取量を制限するために最大限努力したか？」と聞くのと「甘いものにノーと言うことに最大限努力したか？」と尋ねるのは別だ。前者は自己規律を求め、後者は自己管理を求める。人によって、この微妙な調整をすることで大きな差が出てくる。

4 目標を管理しやすいように細分化する

何よりも、日課の質問は行動改善の最大の敵、**短気**を制圧する。お腹を引っ込ませるとか、新たな評判を築こうとするとか、なんであっても私たちは結果を今すぐ見たいと思う。今日の努力と、いつになるかわからない将来に手に入るかもしれない見返りとのギャップを見ると、変わろうという熱意を失ってしまう。

日課の質問は、定義からして、1日ごとにこなすようになっている。そうすることで、私たちの掲げる目的を、扱いやすい24時間にコマ切れにする。

努力に焦点を合わせることで、結果に捉われがちな私たちの目を逸らしてくれる（なぜなら、測るものは結果ではないから）。そして、変化のプロセスと、実現に向けて果たす自分の役割を正しく評価できるようになる。進歩が目に見えてくるのが遅くてイライラすることがなくなる——なぜなら、私たちは違うものを見ているからだ。

日課の質問は次のことを思い出せてくれる。

■ 変化は一夜にして起こるものではない

■ 成功は、日夜繰り返して行うささやかな努力の積み重ねだ

■努力すればよくなる。しなければ、よくならない

コミットメント、動機、自己規律、自己管理、忍耐強さ、これらの要素は私たちのやり方を変えようとするとき、力強い味方になってくれる。日課の質問のおかげだ。これまでの議論で触れてこなかった、もう1つの味方がある。

それがコーチだ。

12 計画する人・実行する人・そしてコーチ

自分の中で「計画する人」と弱い「実行する人」を合体させる

日課の質問を表に書くこと自体には種も仕掛けもない。表は、きれいに整理できるし、正しい方向に向かっているかどうかをすぐに教えてくれる。だが、表が不可欠というわけではない。点数を報告するために毎晩かける電話も同じことだ。コミュニケーションの方法で違いは出てこない。

唯一不可欠な要素は、何らかの形で採点が報告されること。直接電話をする、メールする、留守電に残す。いずれの形でも誰かに毎日報告できればいい。そして、その誰かがコーチだ。

「コーチ」とは、ある人にとっては採点記録係以上の存在ではなく、批判される恐れも干渉される恐れもなく、毎晩報告を受けてくれる人だ。だが、ある人にとっては、コーチは審判員。採点を記録するだけでなく、とんでもないファールをしたら笛を吹いてくれる人だ（たとえば、数日間点数が低い日が続けば強く説明を求める）。コーチに本格的アドバイサー役を求める人もいる。そして、何を、なぜしているのかについてコーチと話し合う。

もっとも基本的なレベルでみれば、コーチはフォローアップの仕組みでもある。常に仕事ぶりを監視する上司のようなものだ（上司に見られているとわかっていると、私たちの生産性は上がる）。

もう少し上のレベルになると、コーチは説明責任を植え付ける存在だ。日課の質問の自己採点システムでは、自分で答えなくてはならない。満足しなかったら選択を迫られる。自分のせいで失望し、がっかりしたまま耐え続けるのか？　あるいはもっと一生懸命努力するのか？　その結果、毎晩「コーチ」に採点を読み上げるのは、コミットメントに対する日次テストとなる――テストされるとわかっていると私たちは大いに頑張る傾向があるから、これはいいことだ。

だが、「コーチ」は良心のとがめを軽くしてくれる以上の存在だ。

計画する人・実行する人・コーチの関係

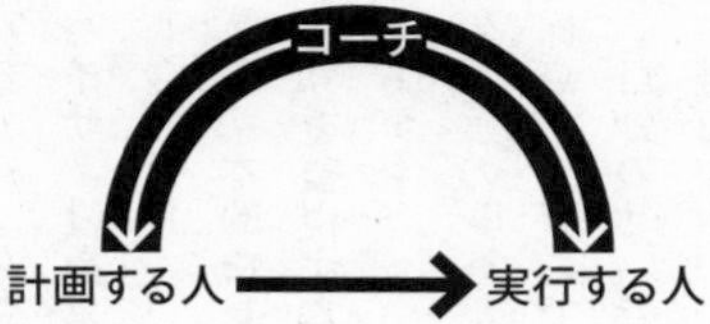

最上級レベルでは、コーチは私たちの内に共存する先見性のある「計画する人」と、近視眼的な「実行する人」との間で折り合いをつける役割を果たす。「計画する人」は、休暇中にアンナ・カレーニナを読むつもりだと言うが、気を散らせるものがいっぱいある休暇中に、静かな片隅を見つけてトルストイの大編を読むのは「実行する人」の役割だ。計画を立ててしまうと、私たちは当てにならない人間になってしまうことを思い出させてくれるのがコーチだ。コーチは、弱い「実行する人」に何をすべきかを思い出させてくれる。これは上の図のような単純な流れだ。

たいていの人にこの流れはお馴染みのものだ。体を鍛えようと思ったら、トレーナーにつく（トレーナーは「コーチ」の一般的な形だ）。火曜の朝10時半に予約をとり、トレーナーと運動する気満々になる。火曜の朝になると、心が揺らぐ。友人が空港まで車で送ってほしいと言ってきた。前日夜遅くまで起きていた。つま先をぶつけてしまった。クロス・トレーニング用の靴紐が切れてしまった。言い訳は無限にある。中にはもっともなものもあるが、たいていは見え透いたものだ。熱意あふれる「計画する人」は、「実行する人」となると一転、渋るようになってしまう。

だが、トレーナーの存在が入ってくるとすべてが変わってくる。トレーナーが待っているから、行かなくてはならない。彼女はこのアポのために長距離運転して出かけてくるかもしれない。私たちの予約を優先するために他の人の予約を断っているかもしれない。人間として私たちは彼女に責務を負う。お金の問題もある。ジムに行こうが行くまいが、私たちは彼女にお金を払う。それに、最初の予約をキャンセルするのはどうもきまりが悪い。始める前から失敗したことになるからだ。

こうした要因（恥、自責の念、罪の意識、費用、義務、良識）がトレーナーの存在であり、私たちに影響を与えるようになる。これがやるつもりのことをやる方法だ。コーチは私たちの内にある「計画する人」と「実行する人」とを合体させる。大きなことでも小さなことでも、意図したことと実践とを一致させ、改善に成功するのだ。

私たちも努力をするときにはこうなるものだと本能的に知っており、スポーツではコーチを歓迎する。技術を磨くのに専門家の目が必要だし、コーチはもっと努力するようにハッパをかけ、戦う試合環境で冷静さを保つことを思い出させてくれる。

ビジネスでも同じだ。優れたリーダーは、高校でお気に入りだったコーチと同じ役割を果たす。教える、応援する、奮起させる。そしてときには、突進させ続けるために、健全なパラノイアを植えつけることもある。

職場のかっちりしたヒエラルキーでは、給料のためにいつでも誰かに言われたら対応するし、改善する明確なインセンティブがある。だが、それを外れたところでは、この動きを高く評価しない。プライベートでは、ぐちゃぐちゃした環境でつい望ましくない行動に走りがちだが、常にコーチを歓迎するとは限らない。

コーチングに抵抗を示す1つの理由は、プライバシーの問題だと私は思っている。外部に出したくない部分を私たちは持っている。減量したい、体を鍛えたいと思っていることを認めるのはよい。実際のところ名誉の印だ。正直だし、自己改善をしたい気持ちがあることを表すからだ。だが、パートナーや親としての欠落――すなわち、きちんとした「人間」ではないということ――を告白し、失敗を毎日白状しなくてはならないとなれば、まったく別だ。行動の至らない点はそっと内に秘めておきたい、洗濯物を外に堂々と干して見せるようなことはしたくないと思うものだ。

変わる必要があることを知らないことも1つの理由だ。変わるのに手助けが必要なのは他の人で、自分ではない、と否定をする。

2005年のこと、西海岸に本社を置くある大手設備機器メーカーのCEOが、後継者として考えているCOOにコーチングをしてくれないかと連絡をしてきた。CEOは交代の予定表をきっちり決めていた。「うちのナンバー2はいい奴だ。だが、成熟するのにあと3年は必要だ。そのときになったら私は会社を去り、彼が引き継ぎ、すべてうまくいくと思う」と彼は言った。

誰かがすでに結論を出している調査を実証するように言われると、私のアンテナはピーンと張り出す。何かがおかしい。予想どおり、COOの同僚に360度インタビューをしてみると、ナンバー2のCOOはもう「準備OK」だと全員が言った。もっと根深い問題はCEOだった。こちらから水を向けなくてもインタビューした全員が、CEOは長く居座りすぎていて、もう辞めどきだと言った。

さらに、成功を収めた人間は自分1人でできるという揺るぎない自信をもっていることがある。当然、1人でできることも多いだろう。だが、助けてくれるというのにノーというのは何のためになるのだ？　それは不要なうぬぼれだ。そして、変わることの難しさをわかっていないのだ。私はこのことを知っている。行動を変えること――それについて話し、本を書き、他の人が変わるのをお手伝いすること――それが私の人生だ。それでいながら、ケイトという女性にお金を払って毎晩電話をしてもらい、ちゃんとやっているかどうかのフォローアップをしてもらっている！　自分が料理したものは食べないシェフのようなプロの偽善行為ではない。私は弱い人間だと包み隠さず告白しているだけだ。私たちはみんな弱い人間だ。行動を変えるプロセスは、あらゆる手助けをしてもらっても難しいものだ。

皮肉なのは、痩せる、体を鍛える、片づけをするといった新年の抱負のような目標に、日課の質問のプロセスはうまく働くのだが、個人的な課題解決のために1人ひとりに合わせてつくられた目標には、さらにうまく機能する点だ。他人が私たちと知り合って、嫌な気分になるのではなく、よい気分になるような目標——人にやさしくする、人に感謝する、人のことを考える、意識するといった目標だ。私はクライアントとそれをやっているからよく知っている。私のクライアントで、戦略立案、予算策定、交渉、講演、提案書作成が上手にできるように、あるいは、コンピュータ・プログラマーとして能力アップするようにと願って私に助けを求めてくる人はいない。家族であれ、友人、同僚、顧客であれ、彼らにとってもっとも重要な人たちとの人間関係で、さらによきロールモデルになるようにお手伝いをするのが私の仕事だ。

つい先ごろ、グリフィンというエグゼクティブのコーチをした。彼の問題は、仕事で何かひと言つけ加えようとし過ぎる点だった。* 部下の1人が新しいアイデアを話すと、「いいアイデアだね」と言うのではなく、何かひと言つけ加えようという抑えがたい気持ちが出てきてしまう。ときにはそれが役に立つが、疑わしいときもある。彼のコメントでアイデアが10%改善したとしても、その部下が自分のアイデアだと大切に思う気持ちを50%削いでしまう。彼は議論と創造性を抑えつけてしまっていた。そして有能な人材を追いやってしまっていた。彼は飲み込みが早く、日課の質問の「ひと言加えない」という項目ですぐに10点を取るようになった。スタッフが彼の動きについてきて、変化をすっかり認め、新しいアイデアを彼に話すときにビクビクしなくなるまでには、ほぼ1年かかった。だが彼は改善し、私は報酬を手にした。時間も手間もかからないプロセスだったから、グリフィンに他のことでもコーチをすると申し出た（普通みんなそうだと思うが、うまくいくと私も熱中する）。それに、私たちは友だちになっていた。

＊私が2007年に出した本『コーチングの神様が教える「できる人」の法則』を読んだ方なら、20の悪癖の1つにこの問題を上げていたのを覚えているだろう。他には「極度の負けず嫌い」「腹を立てているときに話す」「八つ当たりする」「自分がいかに賢いかを見せたがる」などの悪癖をあげておいた。

「家庭で何か問題がない？　それが改善できるかどうかやってみよう」

彼は自分が選んだ問題を、ちょっと恥ずかしげに話した。彼はそれを「氷のカランカラン問題」と呼んだ。

誰かが飲み物を飲むときに立てる音に、彼はイライラする。ボトルの水をぐびぐびと飲むときの音、氷の入ったグラスにソーダ水を注ぐときにするシュワシュワという音。氷がグラスの中でカランカランとする音。他の音は気にならない。犬が吠えても、赤ちゃんが泣いても、黒板に爪を立ててキーという音をさせても、気にならない。「ジョシュ・グローバンの歌声だって気にならない」と彼は言った。

「それがどうして問題なの？　耳をふさげば？　部屋から出て行けば？」

それが問題となったのは、最近のことだ。彼の妻がボトルに入ったミネラル・ウォーターをやめて、氷にダイエットコーラを注いで飲むようになってからだ。彼女は氷の入ったグラスをぐるぐる回して一口飲んでは、また回す。その音を聞くと彼は気が狂いそうになる。妻とドリンクを飲むのは、リラックスした雰囲気で1日一度のつながりを持つ瞬間だった。だが、突然それが奥歯の治療で歯医者に行くときのようなストレスとなってしまった。

ある夜、我慢できなくなったグリフィンは、彼女に叫んだ。

「カランカランするのをやめてくれ！」

妻は彼を見つめて「あら、そう？」と言ったが、彼女の顔には「バカじゃないの」と書いてあった。

グリフィンは彼女が正しいと知っていた。彼女が何か悪いことをしていたわけではない。彼ではなく、彼女が変わることを期待するのは常識外れだ。問題を認めたことはよい最初の一歩だった。

第2のステップは、リラックスした夕べの時間を居心地の悪い環境と思うのは、彼自身がつくり出した問題だと見ること、そしてそれを彼の日課の質問に加えることだった。**妻と一緒の時間を楽しむよう最大限努力したか？** 彼が問題をつくり出したのなら、彼が問題を解決できるはずだ。

1から10の採点で、努力に対して毎日10点を取ることが彼の目標だった。彼は不快な気持ちを抑え、音を無視し、楽しんでいるふりをしようと努力した。すべて妻を怒らせないためだ。それはよき夫となるための訓練だった。グリフィンにとって大切なことだった。

カランカランという音に耐えた最初の数日の間、彼は私にこう話してくれた。「自分のグラスを握りつぶして割ってしまいそうなくらい、ぎゅっと握りしめていた。だが、文句は言わなかった。嫌な気持を表に出さなかった」

日課の質問のもたらす3つの効用

夜になると、彼は採点してそれを私にメールしてくる。一生懸命努力していたから、彼は最高点をつけていた。このやり方を2、3週間続けたのち、彼のイライラは消え始めた。完全にではなかったが、徐々に、誰かが音量のつまみを1ノッチずつ絞っていったかのように消えていった。悪い癖を治したときのように、1カ月経つと問題は消えた。彼は違う反応をするように頭を切り替えた。氷がカランカランと音をたてたら、イライラしたり怒ったりする代わりに、ま、いいかという無関心の境地になるように努力した。グリフィンは環境を変えられなかったので、それに対する反応を変えたのだ。

たしかにグリフィンは、私がコーチングした中でも優等生だ。コーチが指摘すると、間違ったテクニックをすぐさま正しいものに変更できる運動神経に恵まれた選手のように、彼は日課の質問を信じ、そして、毎日自分でチェックをした。彼はプロセスを上手に行い、そして変わっていった。このエピソードを紹介したのは、これこそが日課の質問のもたらす3つの効用をよく示しているからだ。

1 やれば改善する

これは日課の質問のささやかな奇跡だ。もし、常に正しく行えるのなら（正直なところ、努力レベルを採点するのにどれだけのスキルがいるかね?）、改善する。人生で絶対大丈夫ということは多くないが、これはその少ない例の1つだ。私のクライアントは、私の言うことを聞きさえすれば改善する。何もしなければ、改善しない。

2 早く改善する

グリフィンは、氷カランカラン問題を解決するのに1カ月要しただけだった。1年半、職場でコーチングを受けたあと、彼は改善を遂げたばかりではなく、改善のプロセスをもっと効率よくできるようになった。

オムレツ料理から心臓外科手術まで、身体的な器用さを必要とする活動では、このような進歩が期待できる。動きを正しくくり返せばくり返すほど、熟練していく。何年も練習を続けたダンサーなら、複雑なステップを2回や3回試さなくても一度でできるのと似ている。

人をよい気持ちにさせる類の目標では、このように容易な進歩は期待できない。技術的なものではなく、他の人の反応や変化する環境に影響を受けるためだ。だが、実現は可能だ。多くのクライアントが私と別れたあとに、進歩するのを見てきた。グリフィンのように、行動をどう変えればよいかを学ぶと、再び他の行動をも変えることができる——最初のときよりもっとスムースに、早くできるようになる。

3 やがて自分が自分のコーチになる

やがて、自分が自分のコーチになる——これがいちばん驚くべき効用だ。私のクライアントで改善を果たし、私がいなくなったあとにも改善を続けた人はみなそうだったから、自信をもってそう言える。

長期的視野を持つ「計画する人」と近視眼的な「実行する人」のギャップのことを考えれば、それは納得できる。コーチはそのギャップの橋渡しができる。客観的であり、私たちを堕落させる環境に巻き込まれることがないからだ。最初の意図は何だったかを思い出させてくれる。望ましい行動を見せたときのことを思い出させ、再びそうするように意志を奮い立たせてくれる。それがコーチのすることだ。だが、時が経ち、思い出させてくれるものが多くなってくると、私たちは学び、それを適用する。計画から外れそうな状況になると、それとわかる。「前にもあったな、何をすればうまくいき、何がうまくいかないかわかっている」と考える。そして、多くの失敗を経験したのち、ある日、よりよい選択をする（驚くことではない。学ばないほうが驚きだ。お馴染みの状況で100回も同じ間違いを犯したあと、正しい行動をしなかったらびっくりする）。

それは、私たちの内にいる「計画する人」と「実行する人」がコーチによって1つになる瞬間だ。私たちの行動が危険ゾーンにあることを指摘する外部の機関を必要としない。あるいは、規則に従うよう促す、さらには毎晩採点を聞く外部のサービスを必要としない。自分自身ですることができる。

私たちの内なるコーチは、いろいろな形をとる。以前、正しい行動をしたときのことを思い出すよう耳にささやく、良心に似た内なる声かもしれない。歌詞、精神的なお守り、有意義なモットー、カードに書き出した指示、誰か重要な人の記憶。望ましい行動を引き起こすものならなんでもいい。

写真だっていい。

次ページの写真が私にコーチの役を果たしてくれている。

実は自宅の書斎で額入りの写真はこの1枚だけである。これは1984年アフリカのマリでAP通信のカメラマンが撮ってくれた。私はコーチングの仕事と、アメリカ赤十字のCEOリチャード・シューバートと共にボランティアを始めたばかりの頃だった。

サハラ砂漠以南のアフリカは、広範な地域で干ばつに見舞われていた。何十万人という人々が餓死の危機に瀕していた。リチャードは、何が起きているのか見るためにマリに行くが、一緒に来ないかと誘ってくれた。他にアメリカ人8人が同行した。私たちの旅はNBCニュースで1週間報道された。

写真に写っている私は35歳、サハラ砂漠で赤十字の専門家のとなりでひざまずいている。彼女の後ろには2歳から16歳の子供たちが列をなしている。

マリでは、食料供給が極めて制限されていた。そこで赤十字は食料の配分決定ルールを導入した。食料は2歳から16歳の子供たちに手渡すこととされた。2歳に達しない子供たちは死を免れないだろう、16歳を超えていれば自分で生き延びるだろうという冷然とした前提に基づく判断だった。

赤十字の女性は、子供たちの腕を測って誰が食べているか食べていないかを判断し

た。腕が大きければ「それほどひもじくない」から食料を与えない。腕が小さ過ぎても、救済不能として食料を与えなかった。腕が中くらいの大きさであれば、わずかな食料を与えた。

この経験で感動しないのは、反社会的な性格の人間だけだ。だが、帰国して「通常の」生活に戻ると、いかに胸を締めつけられるような記憶であったとしても、その印象は徐々に消えていく可能性が高い。この写真がなければ、のことだ。

この写真は感謝の気持ちを引き出してくれる。1984年のときの私が、今日の私をコーチしているようなものだ。それは平易なメッセージを送ってくれる。

自分がもっているものに感謝しなさい。どんなに失望しようが、試練を受けようが、泣きごとを言っても、不満を口にしてもいけない。腹を立てるな、自分の権利を主張するために人をなじるな。君はアフリカの子供たちより優れているわけではない。彼らの悲惨な運命、不当な悲劇的な運命は、君の運命だったかもしれない。今日という日を忘れるな。

そして、私は忘れることはない。この写真はほぼ毎日、私の心に思い浮かぶ。人生は「艱難辛苦《かんなんしんく》」に満ちているからだ。たとえば、空港で飛行機が遅れるというアナウンスがあると、人はどう反応するか見たことがあるだろうか？　かなり確度の高い負のトリガーだ。彼らは動揺する。罪のない航空会社の社員の前で、怒り、不機嫌になり、冷静さを失う。私もかつてはその1人だった。人目を引くような怒りを示すことはなかったが、犠牲者の気分になったことは確かだ。その気分が嫌だった。マリで餓死に瀕した子供たちを見たあと、犠牲者と名乗るなんておこがましいとわかったからだ。この写真を見るたびに、おこがましい、自分にはその価値がないという感情が湧いてくる。もう何年にもなるが、飛行機が遅れるというアナウンスを聞くと、私はあの写真を思い出しこうくり返す。「飛行機が遅れたからといって不平を言うな。想像を絶する問題を抱えた人が世の中にはいるのだ。おまえはラッキーな男だ」。この写真は、嫌な環境の中にあってポジティブなトリガーとなっている。

13 空っぽの船

いつだって、それは誰も乗っていない空っぽの船だ

どんな努力でもするにあたって、その努力の成功確率を劇的に改善する原理原則というものがある。

- ■大工の世界では、**2回計って、1回で切れ**
- ■セーリングでは、**風がどこから来ているかを知れ**
- ■女性ファッション界では、**黒のドレス**

なりたい自分になるための原則がある。それに従えば、日々のストレスの量、衝突、不愉快な言い争い、時間の浪費が減る。何かをするか、何もしないで放っておくかのいずれかを選ばなくてはならないとき、それを自問自答の形で使う。

私は、
今、
この案件で
ポジティブな違いが表れるように
必要な投資をする気があるか？

この質問は毎日私の頭に何度も浮かんでくるので、頭文字をとってＡＩＷＡＴＴ《エイ・ワット》と呼んでいる。まずは、害を与えることはするなという医者の原則のように、これは何もするなというのではなく、何か馬鹿げたことをしでかさないためのものだ。

この問いかけは、この何十年の間に私が価値あると思った２つのアドバイスを１つにしたものだ。１つは仏教から、もう１つはピーター・ドラッカーから得た良識だ。

仏教の教えは、空っぽの船のたとえ話に表されている。

若い農夫が体中汗まみれで、小舟を漕《こ》いでいた。彼は収穫した農産物を村へ運ぼうと川の上流に向かっていた。その日は暑い日だった。彼は農産物を早く届けて、暗くなる前に家に戻りたいと思っていた。前方を見ると、別の船が見えた。流れに乗って彼の小舟に向かって急速に近づいてくる。彼は船をよけようとして猛烈な勢いで櫓《ろ》を漕いだが、避けられそうにもなかった。

彼は「向きを変えろ！　おいらの舟にぶつかるぞ！」と叫んだ。だが、無駄だった。船はものすごい音を立てて彼の小舟にぶつかった。彼は怒鳴った。「このバカもん！　こんなに川幅の広い川で、なんでおいらの舟にぶつかってくるんだ！」

船の中をのぞいて、この事故の責めを負う人間を探したが、誰もいないことに気づいた。彼は、係留を解かれて流れに乗って下ってきた空《から》の船に叫んでいたのだ。

向こう側に誰か人がいると思えば、ある一定の行動をする。愚かな、思いやりのない人間に対して、自分が被った不運を責めることができる。責めることで、腹を立て、感情をあらわにし、責任の所在を明らかにし、犠牲者を気取ることができる。

それが誰も乗っていない船だとわかると、もっと冷静に振る舞う。罪を着せる相手がいないと、怒れない。不運な出来事は、運命のいたずらか、運が悪いせいだと言い聞かせる。人の乗っていない船が、こんなに川が広いのにわざわざぶつかってくる不条理を笑い飛ばすかもしれない。

教訓——向こうの船は空っぽだ。私たちはいつも誰も乗っていない船に向かって叫んでいる。空っぽの船は私たちを標的にしているのではない。私たちの1日のサウンドトラックに不愉快な不協和音を生み出す人々もみな同じことだ。

■会議でいつもあなたを邪魔する同僚。彼はあなたに限らず、誰よりも自分が賢いと思っている。空っぽの船だ

■朝、通勤途中で何キロも後ろをついてきた乱暴なドライバー。彼は毎日、どの道路でも同じことをしている。それが彼の走り方だ。空っぽの車だ

■銀行の担当者が、申請書に誤字があったからといって少額融資をはねつけた。彼は申請書を見たのであって、あなたを見ていたわけではない。スーツの下は空っぽだ

■スーパーマーケットのレジの女性が、今夜のディナーパーティに使う小さなアンチョビの缶を詰め忘れたから、取りにスーパーに戻る必要があった。彼女は

1日中レジを打って品物を詰めている。80グラム入りの缶は見逃しやすい。彼女が意図的にしたわけではない。あなたに対してでないことは確かだ。これも

空っぽの船だ

私は、リーダーシップの講義で簡単な演習をして、この点をよく理解してもらうことにしている。受講者の1人を指し、不愉快になる、腹が立つ、イライラする、そういう人を思い浮かべるように言う。「そういう人を思い浮かべられますか?」と私は尋ねる。

むかつく表情を見せて、「はい」とうなずく。

「その人はあなたのことを考えて、今夜どのくらい不眠に悩むでしょうね?」と私は尋ねる。

「全然」

「誰が罰せられているのでしょう? 誰が罰を与えているのですか?」

答えは必然的に「私、そして私です」となる。

ここで私は演習を終える。そして、人がその人であることに腹を立てるのは、椅子が椅子であることに腹を立てるのと同じことだと言う。椅子は椅子でしかない。私た

ちが出会う人たちも同じこと。あなたがものすごくイライラする人がいたとして、その人を好きになることも、同意することも、尊敬することもしなくていい。ただ、その人はそういう人だとそのまま受け入れればいい。

彼は、「ゴッドファーザー」に出てくるドン・コルレオーネは隠れ仏教徒だったに違いない。「君が悪いんじゃない。これはビジネスだ」と言っている。私たちを失望させたり、私たちに同意しない人は、私たちに苦痛を与えようとしてそうしているわけではなく、彼らにとってもっともよいと思うことをしているだけなのだ、と彼は理解していた。私たちをイライラさせる人、激怒させる人。みんな同じだ。そうするのは彼らがそういう人だからなのだ。私たちがどう、ということではない。

偽陽性をつくり出す

ピーター・ドラッカーは常識を語る。彼は「私たちの人生の使命は、役に立つ違いをつくり出すこと。私たちがいかに賢いか、いかに正しいかを証明することではない」と言っている。アドバイスは味気ない、いうに及ばないことのように聞こえる。選べるものなら、「役に立つ違い」をつくり出したいと思わない人がいるだろうか？

だがドラッカーは、私たちの頭の中に同居させるのが難しい2つの概念を強調している。頭がいいことを見せつけるチャンスがあると、私たちは、一緒にいる人に役立つ結果を考えることはしない。実際には、「偽陽性」と私は呼ぶのだが、自分を高く見せるために他人を犠牲にすることが多い。それはさまざまな形をとる。

■**衒学**――部下がプレゼンで「○○に」というところを「○○が」と言った。あなたは文法の誤りを指摘する。賢明な指摘かもしれない（プレゼンのテーマが細かな文法についてであればだが）。とはいえ、そう指摘したところで会議室の雰囲気がよくなるわけではないし、部下がどう感じるかを考えても、意味がないことだ。

■**「だから言っただろう」**というセリフ――8時開演のブロードウェイ・ショーに間に合うには、少なくとも1時間前には家を出なくてはいけないと、あなたは妻に言う。彼女が手間取ったので、あなたたちは遅れて到着し、最初の幕を見逃した。あなたは不機嫌になり、夜が台無しになったとチクチク言い、1時間前と言っただろうと言う。あなたは正しい。もちろんだ。だが、彼女があなたの夜を台無しにしたのと同じくらい、彼女の夜も台無しになってしまった。

■**道徳的卓越性**――友だちや大切な人にタバコを吸ってはだめだと言う、ビールのお代わりはやめたほうがいいと言う、家に帰るのに近道があると言う。相手のためを思って言うのに、相手に心からありがとうと言われることがどのくらいあるだろう?

■上司、同僚、ライバル、顧客の**愚痴を言う**——（平均的アメリカの労働者は1カ月に15時間、上司の愚痴をこぼしている）。誰かが決めたか、計画したか、やったことに同意しないときに愚痴を言う。当然のことながら、あなたは不愉快になっていて、あなたならもっと上手にやれるという含みをもっている。それがポジティブな貢献になることはないと思っていい。とくに相手に直接言うのではなく、陰で言うときには。

これはものすごく非生産的な行動で、意図した効果とはまったく逆になってしまう。些細な過ちをみんなの前で修正しても、指導をすることにはならない。「だから言っただろう」と言っても傷ついた心を癒すわけではない。自分のようにしろと言って誰かの悪い癖を直すわけではない。上司の愚痴を他の人にこぼしても上司を改善することにはならない。

日々私たちがやりそうな例を4つあげてみた。目が覚めて就寝するまで、誰か別の人間と接触する際に、役に立つ、傷つける、中立でいるという3つの選択肢がある。気をつけていないと、私たちは傷つけることを選んでしまう。自分は「他の奴」よりずっと賢い、できる、正しいと示したいからだ。

「空っぽの船」のたとえ話とピーター・ドラッカーの役に立つことのアドバイスは、補完的な考え方だと私は考えるようになった。仏教は心の内面を見る。他人と接触するとき、心の平静を保つためのものだ。ドラッカーは外を見ている。役に立つことだけに限りなさいと言っている。

人の悪口を吐いたり、けなしたりするとき――それは状況に対してポジティブな貢献ができていない時だが――非生産的になっていることに気づいていない。胸の内の思いをぶちまけて、「結果はくそくらえ!」と思っているかのようで、残酷なことを言おうとしているんだということも意識していない。結果が頭に入ってきていない。ただ自分をよく見せようということしか考えていない。誰も乗っていない空っぽの舟に向かって、いかに自分が賢いかを示そうとしているのだ!

AIWATTの問い

ＡＩＷＡＴＴは、トリガーと行動の間のインターバルを長くするための仕組みだ。トリガーが何かの衝動を引き起こしたあと、行動に移る前に私たちは後悔するかもしれない。ＡＩＷＡＴＴはトリガーが引き起こした環境から、高慢な、皮肉な、批判的な、理屈っぽい、そして自己中心的な反応を引き起こすのを一瞬遅らせる。その遅れによって、もっとポジティブな反応を考える時間が生まれる。次の短い文章は、細かく解析するに値する。

私はする気があるか？（Am I Willing）というとき、日々の惰性の波に乗って動くのではなく、自分の意志で、責任をもって何かをしようとしている。「私は本当にこれをしたいのか？」と自問している。

今（At this time）、というとき、現在に生きていることを思い出させる。あとになれば環境は変わり、異なる反応が求められる。今、私たちが直面している問題だけを考えればいい。

必要な投資をする（To make the investment required）というとき、他人に反応することとは、仕事であり、時間、エネルギーをかけるもの、そしてチャンスでもあることが念頭に浮かぶ。そして、どんな投資にでも言えるように、リソースは限られている。

これにより私たちは、「これは本当に私の時間の最善の使い方か?」と自問している。**ポジティブな違いをつくり出すため**(To make a positive difference)とは、私たちの親切で、優しい一面を強調する。私たちはもっとよい人になれる、もっとよい世界をつくる手助けができることを思い出させる。もしそのいずれかが達成できないのなら、そもそも、なぜやろうとするのだろうか。

この案件に(On this topic)とすることで、足元にある問題に焦点を絞る。すべての問題を解決するのは不可能だ。ポジティブな違いをつくれない問題に時間を使うのは、違いをつくれる問題から時間を盗むようなものだ。

AIWATTを展開するのは、親切にしようか、どうしようかを選ぶ瞬間に限られたことではない(とはいえ、親切にすることの重要性はいくら高く評価しても、高すぎるということはないが)。一見些細に思えるが、私たちの評判を決めるとか、関係がうまくいくかどうかを決めるようなときに、この質問は重要となってくる。

1 正直であることと暴露を混同するとき

私たちはみな、何も犠牲にならず、取るに足らないことだったら意見をぼやかしたり、不要な暴露を抑制するのが上手だ。母親から新しい髪型をどう思うか聞かれて、自分がどう思おうと、とっても似合うと言う。髪型なんぞでお母さんを落ち込ませたいとは誰も思わないだろう。これを私たちは日がな1日やっている。不要な痛みから大切な人をかばうために、些細なことは省略する。

だが、他の人を守ろうとするそのあっぱれな本能は、私たちが強く主張したい、あるいは自己弁護をしたいとなると、弱まってしまう。そういうときには、ポジティブな貢献よりも、正直を武器として用いる。癌患者に（誤った希望を抱かせないように）単刀直入に真実を話すべきか、あるいは（患者の気持ちを軽くし、楽観的な気持ちを持たせるために）悪い知らせに糖衣を施すべきか、医者はこのジレンマに直面する。少なくとも彼らは患者にどれだけ開示するかを議論する。だが、私たちはしないことが多い。ボーイフレンドやガールフレンドとの別れ話で修羅場になり、不器用な、相手を傷つける別れの言葉を投げて後悔した経験があれば、正直であることと暴露は違うことをよく覚えているだろう。正直とは、相手の知る必要を満たすだけの真実を述べることだ。暴露が過ぎれば、相手が苦しみ、恥ずかしい思いをするところまでいってしまう。

職場でも同様に、人を解雇するとき批判を含まない「うまくいかなくて残念だ」というような言い方をする。あるいはその社員がまったくの役立たずだということを1つひとつ並び立てることもできるが、それは一線を越えて正直から暴露になっている。フットボールでずっと弱い相手に対して大量の得点を積み上げるのと同じ、その対人関係版だ。勝ちたい思い、優位性を確認したい思いが強く、競争の熱に浮かされて、相手がどう感じるかを忘れてしまう。

正直か暴露か。それは何層にも問題が絡み合う難問ではない。シンプルな選択だ。

2 選択肢があるとき

誕生日のサプライズ・パーティ・テスト程度のものだ。あなたの愛する人があなたのためにサプライズ・パーティを企画していた。だが、友だちがうっかりあなたに秘密をばらしてしまった。あなたはどうするか？　部屋に入ってⓐ正直に、じつは知っていたよと打ち明けるか、ⓑ暴露の観点から、サプライズを台無しにした友だちを責めるか、あるいはⓒ驚いたふりをするか？　ⓐかⓑかで時間をかけて悩むようだったら、あなたはこの分野でもっと努力しなければならない。

1960年に、A・J・リーブリングは「出版の自由はそれを所有している者にだけ保証されているものだ」と書いた。彼は今日のソーシャル・メディアの時代を予見することができなかった。誰でもスマホを持つ人なら新聞の編集委員のように振る舞い、どんなテーマでもどんなに長くてもかまわず、意見を「出版」することができる。21世紀の、よくもあり悪くもある点だ。それは広く議論することを可能にし、権力者と力を持たない人とのギャップを狭めてくれる。一方で多くの時間が浪費される。

一例をあげよう。私の友人、ラリーは自分が出した書評がアマゾンで星1つ（最低の格づけ）を得たことをとても自慢に思い、私に読めと強く言い張った。それは著者に対する鋭い攻撃で、その本は読者のお金を無駄にするものだと論じていた。書評はものすごく長く、引用したページと引用文が几帳面に書かれていた。ラリーはそれを書くのに数時間はかけたに違いない。書評を読んだ人から20ほどのコメントがあった。ラリーは、それを1日に何回かチェックしていた。あれやこれやで、ラリーは200人の人が読むかもしれない書評にまるまる1日かけていた。

「なぜそんなことするんだ？」と私は知りたくて尋ねた。

「著者は嘘つきで騙そうとしているからだ」と彼は答える。

「君はそれを見つけるくらい賢いということを世間に知らしめたかったわけか？」

「それも一部にはある」

「他には？」

「この本に道義的に怒りを覚えた」

「でも、そんなこと放っておいて、もっと生産的なことに時間を使えたのでは？」

「そうしなければならなかったし、楽しかった。もししなかったら、もっと腹を立てていたと思う」

私はそれを聞きたかった。ラリーは彼個人のリスクとそこから得るものの分析をして、書評を書くのは彼の時間を費やすに値すると判断した。その本を読まないように読者に警告を書くことで、ポジティブな貢献ができると考えた。彼はたんなる投稿魔ではなかった。彼はよいことをしていると思い、それを楽しんだ。

頼まれもしないのに、編集者への手紙、個人のブログ、フェイスブックやX（旧ツイッター）などオンラインで意見を発表するのに多大な時間を使う理由を、世の人たちもはっきりとわかっていればいいのだが。こういったクラウドソーシングの情報の価値を認めないわけではない。疑問を持たず、規制もされずにそれに使われる時間を気にしているだけだ。

強迫的で不快なものにならなければ、オンラインで意見を述べることは時間がかかるという些細な問題があるだけで、対人関係に問題を引き起こさない。たいていは、知らない、これからも会うことのない見知らぬ人とオンラインで「議論」する。心配する必要はほとんどない。大きな問題になるのは、その攻撃的な声を職場や社交の場に持ち込み、知っている生身の人間に意見をぶつけるときだ。そうなると……。

3 事実が他の人の信念と衝突するとき

確証バイアス——自分の意見を是認する情報を、それが正しいかどうかにかかわらず、選り好みする傾向——は心理学で確立した概念だ。(都合のよいものだけ)情報をどう集め、(偏見をもって)解釈し、(不確かに)思い出すかが影響を受ける。それはいろいろな形をとる。現在の立場を是認する情報を好むことから、自分の信念に対して不明瞭な、あるいは不都合な事実を捻じ曲げることまで、いろいろある。誰もがこれを犯している。子供が早いうちにトイレ・トレーニングを卒業すると、親はそれを子供が天才だという証拠と思う。これは確証バイアスだ。反対の声を締め出して、欠陥のある意思決定をするリーダーも同様だ。

私たちは他人の、そして私たちの確証バイアスを取り除くことはできない。だが、それが致命的な形になることは避けなければならない。意味のない議論の中で最悪なのは、事実と意見がごっちゃになることだ。そうなるとろくな結果にはならない。気候変動であろうが、ユニコーンの生存期間であろうが、実証できる事実を引用して相手の意見に対抗するとき、研究者がいうところの「バックファイア効果」が取って代わってくる。自分が信じるところを否定するきれいに整理されたデータを証拠として突きつけられると、それを拒絶する。そして信念を2倍強めてしまう。あなたたち2人は両極端の立場をさらに強める。極端な自由主義者と極端な保守主義者の間の激論に参加するか観察するかしたことがあれば、相手が意見を変えるか、相手に「君は正しい。私が間違っていた。ありがとう」と言って席を立つことがいかに稀なことか知っているだろう。

納得のいく話ではない。せいぜい、相手の考えを変えられずに多大な時間を浪費する程度だ。最悪の場合には、敵をつくり、関係を損ない、気難しい人だという評判を得てしまう。

4 決定が自分の思う方向に決まらないとき

もう1つ、ピーター・ドラッカーの言葉で私の人生を変えたものがある。私はコーチングする人すべてに話していて、人によっては何度も何度も繰り返し、言うことがある。「意思決定は決定できる権力を持つ人によって行われる。それに折り合うしかないね」

これもいうまでもないことのように聞こえる。トートロジー、類語反復の一種だ。意思決定者は意思決定する、と言っているのだから。

だがそれは、意思決定者は権力を持つが、私たちは持たないということを気づかせてくれる。意思決定者の選択は論理的で賢明なときもある。不合理で了見が狭く、馬鹿げたもののときもある。とはいえ、彼らが意思決定者である事実に変わりはない。その事実をうまく受け入れることのできる人は少ない。生徒が先生の採点に不平を言うことから、10代の子供が親の外出禁止にふくれっつらをする、ふられた人が失恋を嘆く、横柄なCEOが取締役会の指示を無視するなどまで、私たちは**ある状態**を受け入れるのではなく、**こうあるべきだと**ブツブツ言って一生を過ごす。むくむく出てくる妄想の範囲の中で、持ってもいないのに、自主性と優越性を自分自身に与えてしまう。意思決定する力を持っていればどんなに楽だろうと思う。だが、持っていないのだ。

常に決定に反対する――もしこれがあなたの問題なら、**この論争は戦う価値があるか？**というＡＩＷＡＴＴでもっとも簡単な費用と効果の分析をすれば役に立つだろう。もしその答えがノーであれば、その決定を記憶から消し去り、ポジティブな変化を生む何かに目を向ければいい。

もし、答えがイエスであれば、やってみることだ。私は多くの時間を割いて、世界銀行がこの世から極貧を消滅させる使命を果たすために、ジム・ヨン・キム総裁のお手伝いをしている。私はウブではない。私の生きている間にその成功が果たせるとは思っていない。だが、喜んで必要な個人的投資をして試みている。大きなリスクを賭けて信ずるところのために戦うことから、計り知れない満足、喜びすら感じることができる。あなたの人生、あなたの決めることだ。他の人は誰も決められない。ＡＩＷＡＴＴがあれば、その結果を受け入れる心の準備ができる。

5　自分自身の決断を公開するとき

ヨーロッパからアメリカに戻るフライトで、スイスを拠点とする投資家と隣り合わせになった。「何をしていらっしゃるんですか？」という社交辞令の挨拶を交わしたあと、彼は買収した小規模な会社のオーナーにいかにがっかりしたかを話し始めた。彼はその男に引き続き経営を任せたのだが、損を出していた。彼はその案件を後悔し、騙されてひどい投資をさせられたように感じていた。

「どのくらい続いているんですか？　つまり、恨みと後悔の気持ちが、という意味ですが」と私は尋ねた。（こういうとき、私は「後悔訓練士」みたいに思うことがよくある──気にしないけれど）。

「2年になる」と彼は言った。

「誰に腹を立てているのですか？　売ったオーナー？　それとも買ったあなた自身？」

彼は笑って言った。「いい質問だ」。それ以上は話す必要がなかった。

自分自身の決断を後悔する──そして何も手を打っていない──というなら、上司の不満をグチグチ言う社員と何ら変わりない。私たちは誰も乗っていない空っぽの船に向かって怒鳴っているのだ。ただ、それが自分自身の舟というだけだ。

AIWATTは対人関係の問題に万能薬となってくれるわけではない。ここでそれをハイライトしたのは、特別な有用性があるからだ。環境のせいで1日のうちに何度も意味のない小競り合いをしたくなることをAIWATTは思い出させてくれる。だが、私たちにはそれに対して打つ手がある——何もしないという手だ。

オフィスのドアが閉まっているとドアをノックするのが憚られるように、「私は今、ポジティブな違いをつくり出すために、この案件に必要な投資をする気があるだろうか?」と尋ねることで、スー、ハーと息をするくらいのちょっとした時間をつくり出し、戦うか、それともそのままやり過ごすかを考える。そうすることで、くだらないおしゃべりをしたり騒いだりすることが阻止できる。そして、本当に重要な変化をもたらすことに立ち向かうことができるようになる。

PART 3

もっと「仕組み」にしてみよう

14 仕組みがなければ、私たちは改善しない

仕組みとともに生きるエグゼクティブ

私がコーチングをしたクライアントの中で、最小の時間で最大の改善を示したエグゼクティブは、アラン・ムラーリーだ。彼はそもそもから、素晴らしいリーダーだった。

初めてアランに会ったのは2001年、当時ボーイング民間航空機の社長で、2006年にフォード・モーター・カンパニーのCEOに就任する前のことだった。アランがフォードをリタイヤした2014年、フォーチュン誌は彼を世界の偉大なリーダーの1人にあげた。教皇フランシスコ、アンジェラ・メルケルに次ぐ第3位であった。

現在、私は彼と一緒に、NPO法人や大企業が優れたリーダー・チームを育成するお手伝いをしている。

彼が私から学ぶより、私がアランから学んだもののほうがはるかに多い。私たちが話し合ったアイデアを、彼が企業の広範な活動の中で適用するのを見る機会に恵まれたことがその大きな理由だ。組織とそこに働く人を変えるのに、仕組みの重要さがアランの頭の中でものすごく大きな地位を占めている。彼が開発した事業計画レビュー(以下、BPR)のプロセスは、私の知る限りもっとも効果的な仕組みである。改善に関するコーチングと研究に長年携わってきて、1つ教訓を得た。それはほぼ世界のどこにでも通用する。**仕組みがなければ、私たちは改善しない**、ということだ。

アランはたんに仕組みの価値を信じているなんてものじゃない。彼は仕組みとともに生きている。アランはフォードに就任すると、毎週木曜に定例会議を開催した。それはBPRと呼ばれた。参加者は世界中の16人のトップ・エグゼクティブと彼らのゲスト。とくに珍しい動きではない(CEOで会議をしない人がいるか?)。だが、アランは長くフォードに勤めてきた人たちにとって目新しいいくつかのルールを決めた。出席は必須。例外はなし(出張中のエグゼクティブはビデオ会議で参加した)。私語禁止。他の人をからかうジョークは禁止。中断しない。ケータイ禁止。プレゼンの一部を部下に任せてはならない。リーダーは彼の統括する部門の計画・状況・予測・とくに注意すべき点について明確に話すことが求められる。リーダーは他のメンバーを――批判するのではなく――助けることを使命とされた。

ここまではいい。新しいリーダーは誰しも、昔からやっていることを新しい方法でやって既存のカルチャーを破ろうとする。

しかし、アランはそれまでずっとジェット機製造に携わってきた男だ。航空エンジニアとして、仕組みとプロセスに信を置いていた。有能な人材が一緒に協力して働くように、彼は細部に注意を払った。ものすごく細かい点まで。彼はBPRを毎回同じように始めた。「私はアラン・ムラーリーです。フォード・モーター・カンパニーのCEOを務めています」と話し、次に会社の計画、状況、予測、とくに注意の必要な点をレビューした。彼は状況を、「よい」「懸念される」「悪い」と区分し、緑・黄・赤に色分けした。彼はトップ16人のエグゼクティブにも同じことを求めた。同じ言葉で自己紹介をする。同じ色分けをする。実は、彼が会社全体に適用したのは、私がコーチングのプロセスで勧めたものと同じ仕組みだ。彼は新しいチームに仕組みを導入した。そして、彼は内容も文言も変えなかった。彼はいつも自分自身を名乗り、いつも5つの優先課題を述べ、いつも前の週の自分の仕事の遂行状況を評価した。方針から外れることはなく、他のエグゼクティブも同様にすることを求めた。

当初、何人かのエグゼクティブは彼が冗談を言っているに違いないと思った。巨大な企業を経営するいい大人が、見たところ単純なこんな自己管理のルーチンを毎週毎週繰り返すことを信頼するなど、考えられなかった。

だが、アランは真面目だった。好調な企業で仕組みは不可欠、それが課題を抱えた企業ならなおさらのことだ。優れたチームはどのようにコミュニケーションをとるか、順を追って示す。彼のチームにきちんとコミュニケーションをとらせるのに、これ以上優れた方法があるだろうか？

大半のエグゼクティブは受け入れた。だが、2、3人は反抗した。アランは辛抱強く、私はこのように会議運営することに決めたと説明した。彼は反抗した人たちに強制はしなかった。「もししたくないのなら、それはあなたの判断だ。それで悪いと責めることはない。ただ、チームの一員にはなれないということだ」。怒鳴るわけでも、脅かすわけでも、芝居がかったことをするわけでもない。

アランがフォードで当初過ごした日々は、人は変化に対して――故意に、予想どおり――抵抗する証拠そのものだった。この経営陣は、アランがフォードに入った年、127億ドルという記録的な赤字を計上したときと同じ陣営だ。このチームが、新しいCEOにニューヨークの銀行を回って、フォードの事業継続のために頭を下げて230億ドルの融資を取りつけるように依頼した。変わるとしたら、アランのチームをおいて他にない。自分のクビがかかっているというのに、2人のエグゼクティブはBPRで自分たちの行動を変えることを拒んだ。この2人の抵抗者が、「元」フォード役員となる決意をするにはそれほど時間を要しなかった。

この役員たちはなぜこんな簡単なルーチンを受け入れることをよしとせず、そのキャリアを捨ててもよいとしたのだろうか？　私の唯一の解釈は、自尊心だ。手を洗ったか、などのチェックリストという簡単で効果の証明された仕組みを外科医が拒絶したように、多くのエグゼクティブはプライドが邪魔をして仕組みが必要だということを認められなかった。彼らは、この反復の作業が、ありきたりの、創造性のないもので、彼らの沽券にかかわると考えた。こんな簡単なものが役に立つわけはないだろう、というわけだ。

日課の質問が真価を発揮する瞬間

アランにとっては、単純な反復こそがキーだった。——それこそ、仕組みの中の不可欠な要素だった——とりわけ、懸念事項は黄色で、問題事項は赤で部門長にハイライトをさせることが重要だった。日課の質問が努力の度合を毎日計測し、自分自身の行動の現実を直視するように仕向けるのと同様に、エグゼクティブは自分自身を毎週木曜に、逸脱することなく、どう採点したかを発表しなければならない。自己採点は、文字で書こうが、アランのように色別で表そうが、透明性と正直であることを要求する。それが、アランの言うところの「可視化」だ。

誰もが責任を取るように仕向ける。それがCEOと仲間との会議で予期せぬ力を発揮した。進歩があれば、会議室の誰もが見ることができる。進歩に終わりはない。エグゼクティブは翌週の木曜にまた集合することを知っている。またその次の木曜も、その次も。アランとチーム全員が会議室に集まり、レビューをすべて聞き、進捗を果たすよう互いに助け合う。アランのメッセージは見逃しようがない。彼はチーム全員に向かって「計画に向けて進捗していることはみんなわかっている。みんなが現状を把握しているし、一緒に計画を達成しようとコミットしているから」と伝えていた。

アランの厳格な週次定例会議は、何人かのエグゼクティブにとっては、当初、負担に感じられた。反復、準備、時間。だがやがて、彼らは素晴らしいものを贈られたと感謝するようになった。

彼らは辛い事案から脱線することも、時間稼ぎをすることも、うまく回避することも許されていなかった。フォードの切迫した状況という現実を直視せねばならなかった。全員に氏名、肩書き、優先順位、色分けした状況報告を毎週繰り返させることで、アランは彼らに焦点の定まった、意図的に限られた語彙を与えた。誰もが計画を知っている。誰もが現状を把握している。誰もが特別に注意すべき領域を知っている。このようにして、エグゼクティブはフォードの転換期に重要だった唯一の測定基準「**どうすれば私たちは互いにもっと助け合えるか？**」を議論した。

どんな改善をしようとするときでも、これが仕組みの大きな利点だ。外的要因によってコースから逸れないように選択の幅が制限される。5分しか話せないとなったら、新たに簡潔な方法でポイントを話すようにする。制限があるおかげで、それはたいていの場合、通常よりよいスピーチになる（聴衆はみんな賛同してくれると思う）。

1日の中に仕組みを組み入れるのは、規則性がなく手におえない環境をコントロール可能にする方法だ。

買い物リストをつくれば、支出に仕組みができる。必要なものを買うことを思い出し、不要なものを買うのを避けるようになる。

レシピに従うのは、複雑な料理を簡素化する仕組みに依存することだ。そして食欲をそそられる料理をつくる確率を高めることができる。生きているうちにやっておきたいことをリストに書き出すのは、残りの人生に仕組みを課すことだ。

読書会に入れば、読書の習慣に仕組みができる（そして、新たな交友関係を作れることだろう）。

毎週日曜の朝教会に行く、毎週何キロ走ったか記録するといったことは、予測のつかない人生の一部をコントロールしようとする仕組みだ。私たちは自分で、「この分野では手助けが必要だ」と認める。すると仕組みがその手助けとなってくれる。

成功した人たちは、これを本能的に知っている。それなのに、対人関係の行動に磨きをかけようというときには、仕組みの威力を割り引いてしまう。仕組みは予定表をうまく管理したり、技術的に困難な任務を学んだり、他の人を管理したり、数量化できるスキル改善をするときなどにはいい。だが、他の人と接するという単純なことには、人はその場その場で対応することを好む。「私はそんなことをしなくてもいいはずだ」などの勘違いした理由から。

「他人とうまくやれる」というのは小学生を評価することで、私たちのような大人がすべきことではないと思っている。私は自信にあふれた、成功した大人だ。人に優しくしたか、とか人に好かれているか、ということを常にモニターしなくてもいいはずだと私たちは思う。

あるいは、対人関係の摩擦が生じても自分に責任があると思わない。自分ではなく、いつでも他人のせいだとする。アイツが変わらなくてはいけない。私にはそんな必要がない。

あるいは、これまでうまくやってきて、満足してきているからといって、変わらなければならない理由を勝手に拒絶してしまう。壊れていないものを直すな、どこも悪くないなら勝手にいじるな、というわけだ。

本書の中核を占める仕組みである日課の質問が真価を発揮するのはここだ。「私は最大限努力したか？」と自問することは、言い換えれば「この分野で私は助けが必要だ」と認めることである。質問に毎日必ず答えるのは、私たちの人生に欠けていた厳しさ、自己規律を植えつける方法だ。その結果、明瞭・明確になるから、必死に逃れようとしている質問、すなわち「改善しているのか？」という問いに対峙するようになる。

15 だが、正しい仕組みでなければならない

エネルギッシュすぎるCEOの変身

組織の目標であれ、個人の目標であれ、仕組みがなければ改善することはない。だが、仕組みは状況、そして関係する人のパーソナリティに合ったものでなければならない。

アラン・ムラーリーは、フォードにやってきたときに、組織的な仕組みのコンセプトをもってきた。それはでき合いの仕組みだった。とはいえ、それは彼が以前につくったものだ。彼がエンジニアとして受けたトレーニングと考え方が反映されている。個人間の衝突、チームより自分個人を優先させる、規則から外れる。そういったこと

は、一切容認しない。それは彼にとっても、フォードにとっても実に見事な成功をもたらした。だが、すべての状況でうまくいくとは限らない。

人はそれぞれ異なる仕組みに反応する。ロバートをコーチングしたときに、このことをはっきりと認識した。彼は、東海岸に本社を置く生命保険会社のトップだった。ロバートの最大の資産は、超がつくほどの外向性だった。彼は親しみをこめて握手をしたり、背中をポンと叩いたりする典型的、エネルギッシュな営業マンだった。いつも動き回り、いつも次の大きな案件を追いかけていた。そしてそれまでの記録を塗り替える成績を上げ続けた。彼は会社でまさにレジェンドだった。彼は、尊敬され、称賛され、好かれた。だからこそ、彼はCEOになったわけだ。彼の問題は、優れた営業マンが優れたリーダーになるとは限らないという、よくあるお馴染のものだった。彼のようにカリスマ的で並外れたパーソナリティを持つ人であっても、それから免れなかった。

公式な360度フィードバックは、ロバートにとって初めての経験だった。私は彼と会ってデータを見せながら話した。彼は直属の部下は臆病で率直な真実を伝えてくれないのでは、と冗談を言った。「心配には及びませんよ。ものすごく評価の高いフィードバックは、全然気にしなくていいのですから」と私は応えた。

彼は悪い情報を知りたいと言った。そこで私は話した。「あなたのスコアで最低だったのは『明確な目標と方向性を与える』の項目です。あなたの成績は8パーセンタイルでした」

「確認したいのですが、その8パーセンタイルというのはどういう意味ですか？」と彼は尋ねた。

「それは、この会社で私が見たリーダーの92％はあなたよりも優れているということです」

彼の名誉のために付け加えると、ロバートは潔い人で、熱心によくなりたいと望んでいた。「どうやら、大仕事が待っているようだな」と彼は言った。あのときジャケットを着ていなかったら、彼はシャツの袖をまくりあげて始めようとしたと思う。ロバートが明確な目標と方向性を示すことでは低いスコアしかとれなかったのは、彼の経営スタイルがぐちゃぐちゃだったことを示す。それは驚くに値しない。天賦の才能を持つ営業マンとして、彼は本能に頼り、人を読み、そして顧客をよく知っていた。だが、直属の部下に注意を払い、メンターとして面倒を見て、決定事項のフォローアップをし、フィードバックを与え、事業環境の変化とともに戦略を微調整する、そういった経営能力を彼はほとんど磨いたことがなかった。彼は、顧客中心に走り、内部のことより外部のことに気を取られていた。あるエグゼクティブは、彼が会議をあまり開かないと言った。社員から「もっと会議をする必要がある」なんて、聞いたことがなかった。

ロバートの課題は、私の見るところ、まずは彼自身を変えること。それと彼の環境を変える、すなわち、彼のチームの行動を彼自身の行動に合わせること。この2つを同時に行う必要があった。私は他のクライアントに使って効果のあったでき合いの仕組みを持っていた。それは6つの基本的な質問からなる。質問そのものはロバートにとってびっくりするものではなかった。ただ、彼は彼自身、そして彼の部下と向き合ってその質問を考える時間を捻出したことも、そういう状況をつくったこともなかった。

ロバートが直属の部下9人と2カ月に一度、1対1でミーティングを持つ形を整えたら、問題はすぐに解決した。それはロバートが新しいアプローチをとり、彼が変わりつつあることを示すチャンスだった。毎週ミーティングを持つとなったら、衝動が大きすぎただろう。6カ月に一度では、印象を与えるのに間が開きすぎる。私が唯一ロバートに言ったのは、一貫性を保つように、ということだけだった。アラン・ムラーリーが同じセリフを繰り返したように、彼も台本に忠実にやっていかねばならない。

それぞれのミーティングの議題は、1枚の紙に書かれた次のような質問だった。

■私たちは、どの方向へ行こうとしているのか？
■あなたは、どの方向へ行こうとしているのか？
■何がうまくいっているのか？
■何を私たちは改善できるか？
■私に何かできることはあるか？
■あなたは私に何をしてくれるのか？

私たちは、どの方向へ行こうとしているのか？

この質問は、会社全体から見た取り組むべき優先順位だ。ロバートは会社をどうしたいと思っているのか、何をエグゼクティブたちに期待しているのかを、彼の頭の中で考えるのではなく、声に出して、明確に話し、エグゼクティブの1人ひとりが聞けるようにした。細かい点は重要ではない。もっとも重要なのは、ロバートがビジョンを表明し、オープンに議論ができるようになったということ、部下の側で推測しなくてよくなった点だ。行ったりきたりの双方向の会話をすることは、環境とロバートの評判の両方を変える最初の一歩だった。

あなたは、どの方向へ行こうとしているのか？

今度は、攻守を変えて、ロバートが彼らに同じ質問を投げかけ、彼らの行動とロバートの思うところを調整する。すぐさま彼らは自分たちの負う責任と目的を、ロバートに真似て率直に真摯に受け止めるようになった。

何がうまくいっているのか？

ロバートは明確な目標設定で低い評価しか得られなかったが、建設的なフィードバックを与えるという点でも同様に低い評価に終わっていた。会議がなければ大活躍した人を褒める機会もない。そこで、会議の第3のポイントは、彼の目の前にいるエグゼクティブの最近の業績を公の場で認めてあげることだった。それから、彼はリーダーが普通あまり尋ねない質問をする。「あなたとあなたの部署でうまくいっていることとは何か？」と尋ねる。会議に明るい前向きな空気ができる。それだけではない。もしかしたら見逃していたかもしれないよいニュースをロバートが知る機会となる。

何を私たちは改善できるか？

この質問で、ロバートは直属の部下に将来のためになる建設的なアドバイスをすることを求められた。そんなことを彼はそれまでほとんどやったことがなく、部下も期待をしていなかった。そして彼はチャレンジする。「あなたがあなた自身のコーチだとしたら、あなたに対して何をアドバイスするだろう?」彼が耳にしたアイデアは彼を驚嘆させた。大半が彼のアイデアよりも優れていたからだった。彼はそれを気にしなかった。彼の周りの世界の方向付けをすると同時に、彼はそこから学んでいた。

私に何かできることはあるか？

この質問は、リーダーがもっとも歓迎するセリフだ。親として、友人として、あるいは会議を運営する忙しいCEOであっても、そういうことが少なすぎる。それはあまり使われないが互恵的な力を持つ。手伝おうというと、手助けが必要なことを認めなさいとちょっとつっつくことになる。それは必要とされる価値を加えるのであり、阻害したり、無理強いしたりするわけではない。みんなの利益になるように調整すること、それがロバートのしようとしていたことだ。

あなたは私に何をしてくれるのか？

助けを求めることは、弱みと脆弱性を見せることだ。容易なことではない。ロバートはCEOのロールモデルになりたいと願っていた。継続的に助けを求め、自分自身の改善にフォーカスすることで、他の人も同じようにするように励ました。

ロバートの会社での改善は一夜にして実現することはなかった。だが、ある種の仕組みがなければ絶対に実現はしなかっただろう。この簡単な仕組みがロバートの強みとなった。彼はずっと顧客とのコミュニケーションに優れていた。今度は、その同じスキルを社員に対して使ったのだ。

あとから考えてみると、この仕組みの最大の効果は、ロバートをスローダウンさせることだったかもしれない。常に動き回る代わりに、彼は2カ月ごとに1対1のミーティングで真剣に向き合う時間帯を9つ、予定表から捻出しなくてはならなくなった。

もう1つロバートが改善していく中でキーとなったのは、1カ月おきにしたことだけではなく、彼の直属の部下がセッションの間にしたことだった。アラン・ムラーリーがフォードの転換を図ったとき、チームのメンバーを巻き込んだのと同様、ロバートもよりよきリーダーに変身しようとして、彼のチーム・メンバーを関与させた。ロバートは、彼のリーダーシップに関して何かまずい点があったら、チームのメンバーはいつでも自由に彼に電話をするように、そしてもし方向性、コーチング、フィードバックなどで、何か混乱したり不明瞭だと感じたら、個人的に責任をもって、すぐさま彼に連絡をするようにとした。ロバートは彼自身を変え、取り巻く環境も変えた。ロバートは仕組みをつくり、チームは責任を負った。この組み合わせが驚くべき結果を生み出した。

4年後、ロバートが引退したとき、彼の最終の360度フィードバック報告では、「明確な目標と方向性を示す」という項目で、彼は98パーセンタイルと評価された。ロバートがもっとも驚いたのは、時間を大きく節約できたことだった。彼はこうまとめた。「部下と一緒にいた時間は98の評価を得たときのほうが、8のときよりも少なかった。当初みんなは、社交的な「おしゃべり」と目標を明確にすることの違いを述べることができなかった。簡単な仕組みを一緒にやっていくようになると、彼らと私の時間を大切にしながら、彼らが必要とするものを私は与えることができるようになった」

これが、変わりたいという気持ちと仕組みがうまく合致することによって生まれる付加価値だ。仕組みは、成功の機会を増やすばかりではなく、もっと効率的にできるようにしてくれる。

16 自我が消耗する中で行動する

自我の消耗は自己管理能力を弱める

あなたはこんな経験をしたことがないだろうか？

■職場でいろいろ決めることが多く、大変な1日を過ごしたあと帰宅した。あなたのパートナーは、休暇の計画を固めたいと思っている。2人はいつ、どこへ行くかという基本的なところは議論した。だが、詳細を決めなくてはならない。あなたは、こう言う。「君の決めたとおりでいいよ」

■いつもより遅く起床して、朝のエクササイズの時間が十分にとれない。あなたは、夕方仕事を終えたあとジムに行こうと思う。だが、1日の終わりに、ブリーフケースとジム用のバッグを抱えながらオフィスを出ると、「今日はさぼってもいいや。明日の朝運動しよう」と思う。

■会議の連続、電話の連続で、大変な1日を過ごして帰宅した。美しい夏の日、夕方まだ早い時間だ。あと3時間ほど外は明るい。散歩に出てもいい。友だちに電話をして、あとで会おうと約束してもいい。おいしい夕食を料理してもいい。請求書の整理をしたり、礼状を書いたり、メールをチェックしたりしてもいい。読みかけの本を終わらせてもいい。そうする代わりに、あなたはプレッツェルの袋、あるいはギリシャ・ヨーグルトを抱え、テレビのスイッチを入れる。ソファにどかっと座り、何も考えずにケーブルテレビのコマーシャル入りバージョンで、「ショーシャンクの空に」を観る。観るのは38回目だ。

どうなっているんだ？　私たちの自己規律、断固たる決意は1日の終わりになるとどうして消えてしまうのだろう？　何か楽しいこと、有意義なことをする代わりに何もしないことを選んでしまう。本質的に私たちが弱いからというわけではない。弱くされてしまうのだ。

社会心理学者ロイ・F・バウマイスターは、1990年に「自我の消耗」という言葉を生み出してこの現象を言い表わした。彼は、私たちには「自我の力」と呼ばれる有限の概念的リソースがあるとする。それは、誘惑に抵抗する、妥協をする、欲望を抑制する、考えや発言をコントロールする、他人のつくったルールを忠実に守るなどの自主規制のさまざまな努力によって1日の間に消耗していく。このような状況をバウマイスターは自我が消耗するという。

バウマイスターら研究者は、消耗をさまざまな状況で研究した。最初に、彼らは、目標を達成するため、規則に従うために欲求を抑える意識的な努力である自制心を研究した。彼らはチョコレートで誘惑をした。彼らの発見は、チョコレート・クッキーに抵抗しようとすると、のちに他の誘惑に抵抗する能力が低下するということだった。ガスタンクの中の燃料のように、私たちの自制心には限界があり、使い続ければ消耗する。1日の終わり、私たちは疲弊《ひへい》し、馬鹿げた選択をしてしまいがちになる。

消耗は自己コントロールに限られたことではない。多くの自己管理型の行動に適用できる。

もっとも顕著なのは意思決定に与える影響だ。新車を買うときに何十もの選択肢から選ぶのであれ、泊まりがけの会議に参加させる人の数を減らそうとするのであれ、意思決定が多ければ多いほど、その後に続く決定を扱うときに疲れてしまう。研究者はこれを**決断疲れ**と呼ぶ。この状態では2つの行動パターンをとる。1つには、不注意な選択をする。第2には現状に甘んじて何もしなくなる。火曜日にあれっと思うような買い物をして水曜に返品するのは、決断疲れのせいだ。翌日はまだ疲れていなくて頭がもっとすっきりしている。意思決定を先延ばしするのもそのせいだ。今その瞬間、決断するには疲れ過ぎているからだ。

この実例は、2011年イスラエルの仮釈放委員会が行った1100件の決定にありありと見られる。仮釈放委員会に午前中出頭した囚人は、70%が釈放を認められ、夕方遅くに出頭した囚人は10%しか認められなかったことに研究者は気づいた。3人の仮釈放委員会の委員には偏見や怨恨などはなく、とくに有意なパターンは見られなかった。唯一見られたパターンは1日の時間帯だった。囚人の運命を決める辛い仕事を午前いっぱいやっていると、委員は疲れ果ててしまう。そこで午後になるとまったく決めないという安易なコースを選んでしまった。彼らは90%の囚人には刑期をまっとうさせることを決めた。

自我消耗は、あらゆる消費者行動の説明に使われる。なぜ私たちはウエイターのお薦めを求め、受け入れてしまうのか（消耗してしまっているから、他人に自分の食事を選ばせてしまう）ということから、なぜ、キャンディ・バーや持続5時間エネルギードリンクなどの衝動買いに向く品目がレジの棚に置かれているのか（陳列棚を歩き回り多くの決断をしたあとは、誘惑に抵抗しなくなることを小売業者は知っている）まで。

私にとって興味深いのは、消耗が対人関係の行動や変わろうとする能力に与える影響だ。買い物、決定、誘惑に対する抵抗は、消耗する行為だ。であればそれ以外の行動に関する問題も消耗するに違いない（そして研究がそれを裏付ける）。

1日中難しい、自己主張の強い同僚を相手にするのは消耗する。尊敬しないリーダーに従順を装うのは消耗する。過剰なほど多くの仕事を同時にこなすのは消耗する。あなたに反対しようとする人たちに同意を求めて説得するのは消耗する。あなたを嫌いそうな人たちに好きになってもらおうと努力することも同じ。自分の意見を抑えること――というか、他人に対する自分の感情をコントロールしようとする努力――も消耗する。

肉体的に疲れるのと違い、通常は消耗を意識しない。激しい身体活動をすれば筋肉の疲れを感じるから、休憩をとる。だが消耗は違う。ストレスと同じ、目に見えない敵だ。感情タンクが空になっていると教えてくれる計測器が発明されないかぎり、消耗を計測することができないので、どのくらい消耗していて、行動規律に影響を与え、誤った判断、望ましくない行動に出やすくなっているかということを正しく理解できない。

消耗する行動を行うこととは別の次元で、**消耗の影響を受けたとき、私たちはどのような行動をするか**、という点を考えよう。消耗する行動を行うことと、消耗したときに何らかの行動をするのは同じことではない。前者は原因であり、後者は影響である。

その影響は美しいものではない。消耗の影響下では、私たちは不適切な対人行動をすることが多い。話し過ぎる、個人的な情報をしゃべってしまう、傲慢になる、など。社会規範に従わないことが多くなる。たとえば、騙すことが多くなる。他人を助けようとしなくなる。また、より攻撃的になりやすい。攻撃性を抑制しようとする努力が、その衝動を抑えようという自己管理の力を消耗させてしまうからだ。逆に、もっと受動的になることもある。知的エネルギーが弱ってくると、他人に説得されやすくなり、上手な反論を思いつかなくなる。

基本的に、日中抑えようとしている自然な衝動は、1日が過ぎていくにつれ、そして消耗が進むにつれて、表面に躍り出やすくなる。実際にそうなるとは限らないが、内に潜み、ぴったりのトリガーがやってくるのを待っている。

仕組みこそが消耗に打ち勝つ

本書の中心的な論点の1つは、環境が、強く、潜行して、不思議な形で私たちに影響を与えるという点だ。消耗は、環境ハザードの一種だ。消耗の影響を過大に話したくはない。また、私たちはみんな感情の時限爆弾を抱えていて、いわゆる自我の力が空っぽになると爆発するというようにも思われたくない。1936年のハンス・セリエによるストレスの発見と同様に、(ストレス——要求に対する身体の反応——と病気との関係に医者が気づかずにいた時代があったことを忘れがちだ)、消耗のおかげで、新鮮な角度から世界が見られるようになり、常に自己規制をしようと努力することが大きな負担になることが理解できるようになった。

一度開眼すると、新たな行動の道がすぐさま心に浮かぶ。いちばんわかりやすいのは、1日を消耗の観点から見ていくことだ。消耗を計測することも、数値化することもできない。認識すらしていないのだから。だが、何が消耗するか、何が消耗しないかをリストにまとめるのは役に立つ。ビーチで過ごす1日。何も面倒なことはない。気をつけるのは日焼け止めクリームを忘れずつけることだけ。消耗は低いだろう。1日かけて山へハイキングに出かけるのも肉体的にはきついだろうが、消耗は低い。子供部屋の壁をペンキで塗るとか、入院中の友だちをお見舞いするとか、自分が選んですることは通常消耗が低い。

一方、顧客サービスで、小包が見つからないとか、請求書の誤りが訂正されていないとかの電話に、雄々しく丁寧に対応して1日の大半を費やすのは、消耗が高いだろう。義理の兄弟や近所の人が馬鹿げたことをペラペラしゃべるのを聞かされて、言いたいことを言わずに我慢するのは消耗が高い。頑固な他人に対して当然な衝動を抑え込もうとする努力はすべて消耗が高い。それが積もり積もって、1日の終わりには、最高の状態で機能しているとは言いがたくなる。誰かが電話をしてきて、君にはがっかりしたよとか腹が立ったとか言ってきたとき、私たちは「今日は大変な1日だったのよ」とか「へとへとなんだ」と言いつつ謝る。それは消耗していることを正しく理解していると言えよう。

消耗させる出来事を体系化すると私たちが1日の終わりにどう変わっているのか、意志の力がどのくらい弱まっているかをはっきりと見ることができる。運転しなければならないときにアルコールをどの程度とるかモニターするように、消耗の影響下で行動しているかどうかを意識する。そうやって、多少自分のことを知れば、どこにリスクがあるかがわかってくる。

重大な決定を1日の終わりにするのは明らかにリスクだ。何に投資するかを決めようとして仕事が終わったあと、つまり文字どおり正常に機能しない状態のときにフィナンシャル・アドバイザーに会うのはやめて、1日の最初の消耗する仕事にしてしまおう。そうすれば、満タンの状態で決定することができる。

仕事が終わり、大混乱の家に戻ることもリスクがある。家のドアを開けたら床におもちゃが散乱していたり、書斎がごちゃごちゃしていたり、犬を散歩に連れていかなくてはけないなどの状態で、家族に噛みついたことはないか。イライラのトリガーが何かはどうでもいい。それは消耗のなす技だ。家族を見て幸せになるか、みんなを惨めな気持ちにさせるか、それはあなたが選ぶことだ。意思の力が低くなっているときには、誤った選択をする。

仕組みは消耗に打ち勝つ方法だ。魔法のように、仕組みはけじめや自己抑制の消耗の速度を遅くする。仕組みがあれば、多くの決定をしなくて済む。計画に従えばいいだけだ。そして、その結果、それほど早く消耗しなくて済むようになる。

仕組みのきっちりしたBPRを毎週木曜に開催したことから察して、アラン・ムラーリーは本能的にこれを知っていたに違いない。成績優秀で、向こう見ずなエグゼクティブには、ミーティングでさまざまな行動の選択肢がある。何を言うか、誰に挑戦するか、中断させるか、どのような言葉で進捗状況を報告するか、何を割愛するか、どの程度協力するか、つっけんどんにするかなど。気心の知れた同僚との会議ですら、その選択の幅は気が遠くなりそうだ。アランの仕組みは、これらの選択をすべて取り除き、それによってフォードのチームを守った。

BPRは午前8時に始まり、数時間に及ぶことも珍しくなかった。もしエグゼクティブがそのような長時間自由に発言することを許されたら、最後の1時間の全員の消耗ぶりは目に見えるほどであっただろう。アランのルールによって制限されたおかげで、消耗は最低限に抑えられ、彼らは生き生きとエネルギー満タンの最高の状態でいられた。そして、彼らはそれを知りもしなかった。

十分な仕組みをつくれば、自己規律が必要なくなる。仕組みが規律となる。もちろん、すべてに仕組みを課すわけにはいかない。それほど協力的な環境はない。だが、私たちはみな、ささやかな仕組みを使うことが多い。

たとえば、毎日服薬しなければならない何百万人というアメリカ人にとって、曜日ごとに錠剤が入るピルボックスは天の恵みだ。医者と患者の関係で大きな問題となる患者の薬剤服用遵守がこれで解決する。木曜の朝、ピルボックスの「木」の箱の中にある薬を服用する。これで努力せずに薬剤服用遵守ができる。私たちはピルボックスを便利なものととらえるが、違う角度から見れば、仕組みによる自己規律の代用ということだ。薬を飲むことを覚えておく必要はない。ピルボックスが代わりに覚えていてくれる。

消耗と戦う仕組みをどのくらい生活に取り入れているか、たぶん誰も意識していない。決まった朝の目覚めのルーチンに従う、会議の議題を書き留める、出勤前に同じコーヒーショップに立ち寄る、ノートパソコンの蓋を開ける前に机の上を整理するなど。ルーチンに従えば、自己規律を守ろうとするエネルギーの消耗が少なくなる。ルーチンが面倒を見てくれる。

私の１日は仕組みでいっぱいだ。仕事に行くときには、カーキ・パンツと緑のポロシャツを着る（私のファッション・センスが頼りにならないので規律を加えるためだ）。日課の質問の電話をしてくれる女性に報酬を払う（自分自身を認識するための規律だ）。旅程に関する決定はすべてアシスタントに任せ、彼女の選択に疑問をはさまない（自分の時間のための規律だ）。仕組みが増える、すると心配することが少なくなる。これは実に魅力的な方程式だ。自分でしないために犠牲になることもあるが、心の平静を得られるのは、ありあまるメリットだ。

私ほど生活のコントロールを委譲するのは、どうも……と思う人もいると思う。独立独行を好む人がいることは確かだ。ルールやルーチンを押しつけられるとイライラする。自分でつくり出した規律のほうが外でつくられた規律よりも道徳的に、審美的に優れていると考える。

それはわかる。私たちは自由を好む。だが、仕組みが与えてくれる行動上のメリットを考えると、「もうちょっと仕組みを取り入れるのに、どうしてノーと言うのだろう?」と私は不思議に思う。

17 助けが得られそうもないときに、助けは必要とされる

仕組みと行動のパラドックス

仕組みと行動が接してぶつかり合うとパラドックスが生じる。私たちは生活の予測可能な部分を管理するのに仕組みを使う。どこに行かなくてはいけないか、有料で行う仕事は何か、今から会おうとしているのは誰かを知っている。それらのことはカレンダーに書かれているし、頭の中にも入っているから準備ができる。何が適切かを教えてくれるルールであるエチケットが仕組みとして私たちを導き、教えてくれる。何かが起こりそうだというとき、私たちはだいたいどう行動すればよいか心得ている。

だが、予定表に書けない無防備なところに起こる対人関係の問題はどうか。うっと

うしい同僚、うるさい近所の人、失礼な顧客、立腹しているクライアント、落ち込んでいる子供や配偶者。心の準備もできていないし、対応するのに最適な状況でないときに、突然、注意を向けなくてはならなくなったら？　1日の悪いタイミングでそれが起きると、消耗の影響を受けて行動してしまい、後悔するかもしれない。

これがパラドックスだ。**助けが得られそうもないときほど、助けが必要となる。**

私たちを取り巻く環境は、予期せぬ出来事に満ちていて、それによって私たちはおかしな、不慣れな対応をしてしまう。自分のためにならない行動をしでかしてしまう。それを認識すらしないことがよくある。まごまごしたくなるような対人関係の問題を扱うのに適した仕組みやツールを持たない（そういうアプリケーションソフトがあるといいのに。スマホのアラーム音が鳴って、「怒りっぽくなっています。冷静に」と言ってくれるとか）。

数年前のこと、友人のデレクの父親が単純な外科手術で突然亡くなった。59歳だった。その死にデレクはかなり衝撃を受けたが、1週間ほど母親を慰め、遺産の片づけなどをして仕事に戻ったときには、以前と変わらぬように見えた。

ところが、その後6カ月の間に、彼は仕事上次々と前例のない災難に見舞われた。彼は重要顧客を2人失った。高く評価していた社員2、3人が競合会社に移った。2

つのプロジェクトが中止となった。組織を再編し、失った収入とステータスを取り戻すには3年を要した。

キャリアに巨大な穴があいたときのことを尋ねると、デレクはこう言った。

「単純なことだよ。大事な人を亡くしたのは父が初めてだった。僕はショックを受けた。だからショックを受けた人間がするような行動をした。大切な人をおろそかにした。締切を無視した。折り返しの電話をしなかった。すぐ、私と仕事をするのをやめる人が出てきた。今だからわかるけど、全部自分のせいなんだ」

デレクは正当化したり言い訳をしたりしなかった。その厳しい時を迎えるまで、彼は実に立派なプロフェッショナルだった。それ以降もそうだ。仕事がずさんになったのは、父の急死がトリガーだった。彼は、自分の悲しみをうまく扱えなかった。

社会には愛する人の死に対処する仕組みがある。葬式、喪中、大切な人を亡くした人を専門とするカウンセラー、支援団体、キューブラー＝ロスの死の受容の5段階プロセスを説明するセラピストがいる。だが、デレクはこういった治療の枠組みを小バカにしていたか、ツテがなかった。彼はジレンマを事後になって理解するようになった。助けが必要なとき、手に入れようとしなかった。

不愉快なミーティング

親の急死のような辛いトリガーから少しレベルを下げて、仕組みがないためにまずい対応をしてしまう、もっとよく見られる対人関係の問題を見ていこう。どのような仕組みを言っているのか？

それはⓐ環境は私たちを狙い撃ちしてくると**予想し**、ⓑ馬鹿げた行動ではなく、賢明で生産的な反応を**引き出す**簡潔な仕組みだ。簡潔な仕組みは、日課の質問の変形で、努力のレベルを採点し、自分で注意して見守らなくてはならないことを思い出させる。それは私たちの意識を大きく変える仕組みだ。

たとえば、1時間の会議に出席しなければならないとしよう。それは、意味がなく、退屈で、「本当の」仕事をする時間が取られてしまう（誰もが経験のあることだろう）。あなたはその会議をどう感じているか隠す気もない。ふくれっ面で会議室に入り、他のどこかに逃げ出したいと思っていることがありありとわかる。うつむいて椅子に座り、他の人と目があうことを避け、ノートにいたずら書きをする。呼ばれたときにだけ通り一遍《いっぺん》の発言をする。会議が終わると真っ先にドアに突進する。あなたの目標は惨めな1時間を過ごすこと。あなたはそれに成功した。

会議の終わりに次の4つの簡単な質問で、あなたはどう時間を過ごしたかをテストされると考えてほしい。テストされるのはあなただけだ。

①幸せになろうと最大限努力したか?
②人生の意義を見つけようと最大限努力したか?
③建設的な関係を築こうと最大限努力したか?
④没頭していたか?

テストされるとわかっていたなら、この4項目のスコアを上げるために何か違う行動をとるだろうか?

この質問を何千人ものエグゼクティブにしてみた。典型的な回答は以下のとおりだ。

■前向きな態度で会議に向かう
■誰かが会議を興味あるものにしてくれるのを待つのではなく、自分で興味あるものにしようとする
■頭の中で批判をする代わりに、プレゼンをする人を助けようと努力する

■何かよい質問を準備していく
■会議で何か意味あることを学ぼうと自分に課す
■会議で誰かとよい関係を築こうと努力する
■注意を払い、スマホを片づけておく

誰でもみんなよい回答を持っている。あとでテストをされると知っていることは、動機づけになる。退屈な会議というどうでもいい環境が、自分自身と戦う環境となる。自分の行動にものすごく注意をするようになる。テストされるという不安が、何かよく見せたいという自然の欲求を引き起こす。ここでは、幸せ、人生の意義、エンゲージメント、人間関係構築でよい点をとりたいということだ。惨めになろうとするのは馬鹿げていると自覚し、途中でやめるようになる。

さて、過激な提案をしよう。これからは、すべての会議でテストを受けると思うようにしよう!

あなたの頭も心もあなたに感謝するだろう。会議で費やす1時間は、人生で取り戻すことのできない1時間だ。惨めなのはあなた、会社でも同僚でもない。その1時間をなぜ、ぼんやり過ごしたり、すねた態度をとったりして無駄にするのか? 個人的に熱心になろうとすることで、会社に貢献をすることができる。そして、もっとよい人になる一歩を踏み出すことができる。

このアイデアを、あなたの行動を変えるささやかな刺激だと考えてほしい。テストは通常、事後に行うものだ。達成して、それから採点をする。この採点されるふりをするコンセプトは、それをひっくり返している。騙しているわけでも、からくりでもない。それは仕組みだ。成功した人たちがもう頼っている仕組みだ。法廷弁護士は答えを知らないことは質問しないのと同様に、あなたは事前に正しい答えを与えられているテストを受ければよい。とんでもない会議に使うはずだった1時間は、いちばん必要なときに自分を助けるものになる。

18　1時間ごとの質問でたたみかける

友だちといることを楽しんでいるか？

どうして1時間でやめるのか？　1時間を延ばして次の1時間、そしてまた次の1時間というようにして、まるまる1日、自己診断をすることを仕組みにできないだろうか？

どのような状況でも、私たちは過去・現在・将来の3つの次元の1つにいる。退屈な会議で惨めに過ごすとき、私たちは次の2つのことをしている。いずれも芳しいものではない。

①**過去にふけっている**——以前に出席した退屈な会議で後悔し、フラストレーションを溜めたことを思い出している
②**将来を考えている**——イライラしたり、次の何かに見当違いの憧れをもちながら、会議をやり過ごす

テストされるとわかっていると——たとえそれがふりをするだけでも——現在に生きるしかない。自分や他人の行動に注意を喚起し、自覚し、気を配る。なぜなら、直後に行動を説明しなければならないとわかっているからだ。現在は、理想的な場所だ。ここで私たちはもっとよい人間になろうとする。過去にそれをすることはできない。もう過ぎてしまったことだ。心の中にしか存在しない将来でそれをするわけにはいかない。関連する人たちはまだ、そこにはいない。この瞬間にしかできないのだ。日課の質問を1時間おきの質問に適用すると、瞬間瞬間でどうあるべきかを律するパワフルな仕組みができる。

第12章の氷カランカラン問題のグリフィンを覚えているだろうか？　その問題を解決して1年経ったとき、グリフィンは別の問題で私のところにきた。グリフィンはニューヨーク市内に住んでいるが、週末はニューハンプシャー州の湖のそばの別荘で過

ごす。何年かの間に、彼も彼の妻も近所の何人かと親しくなった。みんな地元のニューイングランド育ちだ。このニューハンプシャーの隣人がマンハッタンを訪問することは滅多にないが、そのときには、アッパーウエスト・サイドの私のタウンハウスにいつでも泊まってくださいとグリフィンは言っていた。グリフィンの3人の子供たちは家を出ていたので、空き部屋はたっぷりあり、泊り客がきても厄介なことはなかった。グリフィンは心の広いホストとなることを楽しんだ。が、予期せぬ問題が出てきた。グリフィンはこう説明する。

「ニューハンプシャーで、近所の人としょっちゅうお付き合いする。湖ではみんなそうだ。だから彼らとニューヨークで会うのを楽しみにしていた。彼らは筋金入りのニューイングランド人で、都会人ではない。ニューヨークにくることはあまりない。だが3組めのカップルがやってきた頃には、彼らをニューヨーク見物に連れまわすのに疲れてきた。いつも、自由の女神、9・11の跡地、近代美術館、自然史博物館といった町の名所に連れていく。ハイライン、ソーホー、ブルックリンを歩き、ミュージカルを見て、高級レストランで食事をする。ニューヨークは私たちの住むところだから、ブロードウェイ・ショーや美術館には行きたいから行く。大都会に数日いる間になんでもしておきたいからといって行くわけではない。私は最後のカップルがきたときには不機嫌になっていた。親しい友人関係が壊れるまでではないが、妻に指摘されるほどになっていた」

別のカップルが間もなく3連休の週末にやってくることになっていた。彼は本音が出てしまって彼らの時間を台無しにするのではないかと心配していた（消耗の観点で見れば、自分自身をコントロールする努力で彼の自己規律心が消耗する——そして彼は嫌な奴になってしまうという事態だ）。自分自身がつくり出した状況に彼はイライラしていた。客が長く滞在すればするほど、親切心から差し出した招待が、彼の日常生活への侵入へと変わっていってしまった。彼の状況は嫌な会議に出ることを考えるときとあまり変わらない。嫌でたまらない環境をどうすれば前向きな経験に変えることができるか？

グリフィンは自己採点をする訓練ができており、日課の質問の効果を信じていた。「毎日の質問を毎時間に変えてみて」と私は言った。「ニューハンプシャーの友だちと一緒にいるときに、いくつかのぴったりくる質問をしてうまくやっているかどうかテストしてみたらどう？」

「重要な質問は1つだけ。友だちといることを楽しんでいるかだけだ」と彼は言った。

友だちがやってきたときには、グリフィンの準備はできていた。1時間おきの質問は彼の行動を誘導し、ポイントを外さない仕組みとなってくれた。こうして、ブランズウィックの流行のピザ屋で他の客と押し合いへし合いしたり、6カ月の間に3度目になるがアメリカ歴史博物館のハイドン・プラネタリウムに入場するのに行列をつくって待っているときも、マナーモードに設定されたグリフィンのスマホが毎時振動して、**友だちといることを楽しんでいるか？**という簡単な質問を思い出させた。これが1日中続いた。時間ごとのテストに合格するか落第するかだ。次のコメントが、ニューヨーク案内をした10時間の報告だった。

「マラソンのようなものだと思っていた。最初はしっかり始まるが、最終ゴールでは立っていられないほどになる。そうなったら――本当にイライラして、その状況を嫌で嫌でたまらなくなったとき――1時間おきの質問が私を救ってくれるだろうと思っていた。ところが、そうはならなかった。3時間か4時間経つと、私は弱くなるのではなく強くなっていった。ケータイが振動して自分の行動を見直し、うまくやっているると自分で自分を褒めてあげる。そして続ける。1日の終わりには、最高に意地の悪い奴になっていると思っていたが、自動運転しているみたいだった。すごくいい1日だった」

グリフィンの話は消耗の概念を否定するように思える。だが、私には納得のいく話だった。彼は、1時間ごとにテストされると知っていて、うまくやりたいと願っていた。つまり、グリフィンは楽しむかどうかの選択を与えられていなかった（さもなければ、彼は自分が書いたテストに落第することになる！）。仕組みのおかげで気難しくなる状態は消え去った。選択の余地なし、自己規律必要なし、消耗もなし。

もう1つ。よい行動をしようと決めて最初のステップがうまくいくと、私たちは自己達成的な勢いを得る。グリフィンはこれを「自動運転《オートパイロット》」と言った。よくなろうとそれほど努力しなくてもよい状況だ。厳格なダイエットを最初の4日間乗り切るように、望ましくない衝動を抑制する最初の段階をうまくやり遂げると、あと戻りすることが少なくなる。行動に投資して得たものを無駄にしたくないと思う。よい行動は失いたくないサンクコスト（埋没費用）になるのだ。

そんなに簡単なものか？　どうやら答えはイエスのようだ。仕組みが簡単であればあるほど、私たちはそれを続ける可能性が高くなる。1時間おきの質問はかなり単純だ。次から次へとスムースに切れ目なく続くステップでできている。そもそも、しているときに1つひとつのステップをこなしていると考えることもほとんどない。

①事前の認識——成功する人は、一般的に自分が最高だと思う行動が危険にさらされる環境を予測するのにたけている。彼らは厳しい交渉、嫌な会議、困難な対決

などで不意打ちを食らうことはない。彼らは事前に足を踏み入れようとしているのか、弁えている。他にいい表現がないので、事前に意識をする、と呼ぼう。スポーツ選手がフィールドに出る前に、意識をものすごく高めておかなくては、と思ってロッカールームでメンタルに準備をするような感覚だ。

②コミットメント——成功する人はどんな行動をとるかを曖昧にすることはない。仕組みとして1時間おきの質問を使い、質問をはっきりさせるのは、コミットメントの道具だ。うまくいくようにと**祈っている**よりは、ずっといい。目標を考えるのと書き出すのとでは大きな違いがある。

③意識する——気まぐれな環境の影響を意識していないときには、私たちは脆弱になる。1時間おきの質問は、きっちり規則的に意識に働きかけ、知らないうちにしっかり気づかせる。状況を忘れる時間がないし、目的から気を逸らす時間もない。何しろ次のテストは60分後にやってくるのだから。

④採点する——業績に点数をつければ、意識がさらに高まる。それは意識の増強剤だ。仕事を1人でするのと、上司が見ているところで仕事するのでは違う。誰かに見られて評価されるとなると、もっと意識が強くなる。この場合、見て評価するのは自分自身というだけだ。

⑤反復――1時間おきの質問のいちばんいいところは、頻繁に、やり直しがきく点だ。ある時間に低い点がついたら、1時間後には改善するチャンスがある。ゴルフで最初のティーショットだけ打ち直しが許されるマリガンのルールが、この仕組みには組み込まれている。

短期間に衝動的な行動を抑える

1時間おきの質問は具体的で短期的なものだ。前よりもよい人になったと周りに思ってもらうような長期的行動改善に使うのは実践的ではないし、疲れてしまう。消耗するのは必至だ。いい行動をしようとするには強く自分を意識していなければならないが、粘り強く一貫性を達成するには、毎日、毎週のチェックで十分だ。日課の質問に毎晩答えていくとやがて何カ月か経つと、その成果が出てくる。一夜にして突然変わるというものではない。長期戦を戦うのだ。

1時間おきの質問は、短期決戦だ。一定の期間内、衝撃的な行動を抑えるためにぐっと自己規律を呼び起こすためのものだ。次の2つのことが思い浮かぶ。

考えるのも嫌な**イベント**がある。嫌な会議がある、週末に自宅に客が泊まりにくるといったことだけではない。心の奥底にひそむ悲観的な見方が入り込み、そのイベントの間、不注意な望ましくない行動が引き起こされる環境だ。嘘っぽい仲間意識を高める会社の社員旅行、大勢の親戚が集まる緊張する感謝祭の日、子供の学校で開かれるがっかりするだろうなと思う保護者会議。何を言い、何をするかを律する仕組みなしに参加すると、悲観的な見方は自己充足的予言となる。予想する不愉快な思いを自分でつくり出してしまう。1時間おきの質問は悲観的な考えを取り除く一種の仕組みだ。それは私たちが選べる。

そして、**人間**。その性格や行動が私たちの調子を乱してしまう人だ。甲高い声でしゃべる同僚、まったく役に立たない回答を6通りの違う言い方で繰り返すだけの顧客サービスの担当者、横柄な知ったかぶりをする地元の教育委員会の委員、スーパーで、10品目以下用のエクスプレス・レジカウンターに20品目以上抱えてあなたの前に並ぶ客。こういう人がいることはわかっている。それでも、イライラさせられる。他人の鈍感さ、頑固さに傷つきやすいこういう瞬間に、1時間おきの質問は新たな抑制手段として使える。

皮肉なものだ。私は嫌なイベントやイライラさせられる人のことで1時間おきの質問を使わない。まったく逆だ。私が**心から楽しみにしているイベントや、一緒にいて**

楽しい人々が私にとっては問題だ。

たとえば、最高級のレストランでお気に入りのクライアント10人と食事をするとしよう。こういうイベントを毛嫌いする人はそうそういない。私もそうだ。私の試練は、楽しみすぎないよう、食べ過ぎないようコントロールすることだ。最高の状況で、テーブルの周りの誘惑に自分を抑制するための助けが必要だ（この弱みは私1人の問題ではない）。素晴らしい人たちとお祭りムードの中にいると、もっと脆弱になる。この状況は、自己規律をかなぐり捨て、食べ過ぎ・飲み過ぎになるのにお誂え向きだ。会食は1日の終わりに開催される。消耗度が最高のときだ。食べ物、飲み物はふんだんにあるからきっかけはいくらでもある。私の周りの人も陽気だ。それで私も盛り上がり、さらに自制心を弱める。人生は素晴らしい。だから今を楽しみあとで後悔すればいいじゃないか、と自分に言い聞かせる。きわめて脆弱な状況だ。手に入れづらいときに助けが必要だという生きた証拠に私はなってしまう。

そこで1時間おきの質問が救いとなる。こういう状況に弱いと知っているから、私は考えうる限りの仕組みで身を守る。あの素晴らしいデザートは食べないと言い聞かせる。時には、デザートの誘惑に屈服しないようにしようと、隣に座った人と同盟を結ぶこともある。ときには、船員たちの耳に蠟《ろう》で耳栓をしてセイレーンの歌声に惑わされないようにしたオデュッセウスのように、私がデザートの注文をしても無視するようにウエイターに頼むこともある。だが、もっとも重要な仕組みはこれだ――毎時間私は自分に質問する。**出された食べ物よりもここにいる人たちと一緒にいることを楽しむよう最大限の努力をしているか？**

私は常に最優秀賞の成績を得るわけではない。たまには、結局デザートを食べるときもある。だが、毎時間テストをすることは忘れない。そうして無意識に環境の餌食になっているわけではないことを思い出すようにしている。何をするにしても、意識して、目を見開いて選択をしている。中程度の成績をつけるときでも、その高い意識を持つことはプラスだ。厳しい状況でこの種の自己診断テストに依存すればするほど、私の意識は強くなる。やがてそれは私の一部になる。それは意義ある、いつまでも変わらない私がよしとする変化だ。

19 「まあまあ」の問題とどうつきあうか

「まあまあ」の行動を引き起こす4つの環境

行動を改善するときに絶対ということはない。完璧な忍耐心、寛大さ、共感する心、謙虚さ（どんな長所でもいい）を達成することはありえない。

何も恥ずべきことではない。一貫して努力していれば上々だ。努力を続けていれば、周りの人が欠点に対してもっと寛容になる。

いつも時間を守る友人がランチに遅れた。ようやく到着すると、待たせたことを彼女はしきりに謝罪する。あなたはそれを責めて、2人の関係の大きな汚点とするか？あるいは、彼女を許し、遅れるのは彼女らしくないと思うか。普通の人なら彼女を許すだろう。

この遅刻にもかかわらず、ではなくこの遅刻によって、彼女が時間を守る人だという評価を与えるだろう。たった一度の過失は、彼女の長所と努力を浮き彫りにする。自分が反対の立場になったら、同じことを期待するだろう。どんなに聖人のような人でも、**完全に**評判どおりということはないとわかっている。誰だってときにはへまをしでかす。

心配なのは、努力をやめたときだ。些細な過ちが頻繁になっていき、私たちは評判にあぐらをかくようになる。「まあまあ」に満足し出す危険な瞬間だ。

まあまあ、が悪いとは限らない。人生のさまざまな場面で、完璧を狙うのは骨折り損になる。少なくとも、まずい時間の使い方になる。何時間も使ってグルメ食品の棚に陳列されたすべてのマスタードを味見して、間違いなく最高のものを選ぶ必要はない。まあまあのブランドなら、サンドイッチには十分だ。

たいていのことで私たちは厳しく批評するのをやめて、普通によい状態で満足する。経済学者のハーバート・サイモンはこれを「満足化」と呼ぶ。私たちには日常使いのものには一般的なものを選ぶ傾向がある。最後のちょっとした改善を追い求めるのは時間や努力に見合わないからだ。そうしても、私たちの幸福度や満足度を大きく増加させない。

歯磨き粉、洗剤、ロマンス小説、和食の弁当などを選ぶとき、これをする。どの銀行に預金するかとか、どのクレジットカードを使うかといった一見重要そうな選択でも同じことをする。会計士、弁護士、さらに歯科医、眼科医、総合診療医ですら同様だ。私たちはこのような選択を無作為《むさくい》に行う。最高のものを体系的に探したうえで選ぶということをしない。

住む場所ですら、多分、まあまあのところで満足していると思う。天候のことで不平を言わない人はいない。だが、完璧な気候が本当に重要なら、みんなサンディエゴ(アメリカでもっとも気候が安定しているところだ)、あるいはコロラド州ボールダー(1年で晴れの日が310日ある)に住むはずだ。環境を選ぶのですら、大半の人はまあまあのところで満足している。

私たちは自尊心が関係してくるところ(どの大学を受験するかなど)や、生死の運命がかかっている(神経外科医を選ぶとか)ときには、もう少し選り好みをする。だが、2%に満たない人しか上位100校の大学に出願しないこと、二流の外科医にも安定的に患者がついていることを考えれば、こういう大きな決断ですら、私たちはまあまあのところで妥協しているといえよう。そして、たいていそれで、うまくいっている。

イェール大学に合格しなかった、担当外科医がノーベル医学賞を受賞しなかったからといって、私たちの生活がぶち壊しになるわけではない。

このまあまあを許す態度が買い物などの選択を超えて、何を言うか、するかの領域に入ってくると問題が始まる。

サンドイッチのマスタードは、まあまあのものでいい。だが、対人関係の世界――夫が妻にどう接するか、息子が年老いた親にどう接するか、信頼されている友人が彼を頼りにしている人にどう反応するか――といった世界では、まあまあでは基準が低すぎる。満足するのはオプションではない。満足でも十分でもない。それでは人々をがっかりさせる。調和が求められているときには苦悩を生み出す。極端な場合には、関係を損なう結果になる。

まあまあの行動を引き起こす4つの環境を見ていこう。

1 やる気が最低レベルのとき

本書は、いろいろな形でやる気があまり高くない人のためのものだ。私や私がコーチングをする人など、普通の人だ。たぶん、あなたもそうだろう。理論上は、やる気満々の人は、何かをするのに自己規律や仕組みの手助けを必要としない。もっとよい人になろうというときもそうだ。まあまあでいい、というのは彼らの語彙にはない。

モチベーションが高いというのは、どういう状態かはわかる。素敵な結婚式に出席した人はみんな知っている。完璧に対するこだわり、細部への気配り、まあまあの状態を拒絶、2サイズ小さいウエディングドレスを着ようとする意志の力、結婚式の日に備える花嫁のモチベーションを上回るものは何もないだろう（マイケル・フェルプスが北京オリンピックで八つの金メダルを獲得しようとトレーニングしたときのモチベーションを考えてみてほしい。その2倍だと思えばいい）。あのエネルギーを瓶に蓄えられたなら、この章は不要になる。

他の人の（ささやかであっても）特別な努力をするやる気のレベルがあれば、（たとえば、みんなが帰宅しているのにアシスタントが残業するとか、子供がテレビの前に陣取るのではなく、まっすぐ自分の部屋にいって宿題に取り組むとかした場合）、私たちはすぐに認めてあげる。私たちはそれに気づき、評価する。人がまあまあの誘惑をはねつけるのを見るのは、元気づけられるものだ。

また、私たちは最低限のモチベーションはどういうものかも知っている。だが、それが自分に起きているときにはあまり気づかない。仕事に対する熱意が薄れる。妥協をするようになり、凡庸な結果に陥りやすくなる。そういうときだ。

スキルは高いモチベーションをもたらす源泉だ。やっていることにスキルがあればあるほど、よい仕事をするのが容易になる。よい仕事をするのが容易であればあるほど、もっと仕事を楽しむようになる。楽しめば楽しむほど、それを続けようとするモチベーションは高くなる。たとえ、その仕事が（厄介な技術的問題を解決しようとするような）精神的には疲れるものだとしても、あるいは（プールでいつ終わるともしれず全速力で泳ぐような）肉体的に過酷なものであったとしても、あるいは（ロック・クライミングのように）危険なものであっても。うまくやれることだったら、私たちはどんなに犠牲を払っても、リスクをかけても喜んで参加する。

上手なことをするときにはやる気が高くなるのは、よくわかる。うまくやれば、よいフィードバックを受け、フィードバックの輪がどんどん強まっていくからだ。ポーカーで大きく勝っていたら、やり続けるだろう。勝ち取って山と積まれるチップは紛れもないフィードバックで、席に座ってプレイを続けるようにさせる。

だが、私たちはコインの裏側を見逃しがちだ。十分なスキルがないとモチベーションが最低限になるのは目に見えている。誰かに指摘されるまで、スキルが低いことと熱意が低いことの直接的関係を見すごしがちだ。

私の顧客のＣＥＯにこう聞いたことがある。「どうすれば幸せになれますか？」

彼は迷わず「ゴルフが上手になること」と答えた。

私はそのとき何を期待していたか、わからない。世界の平和、飢餓がなくなることといった高尚なものを期待していたかもしれないが、ゴルフにとりつかれた仕事のよくできる人は彼が初めてというわけではない。

「あなたはお上手ですか？」と尋ねた。

「それほどでも。恥ずかしいというほどではないけれど、上手になれないんだなあ」

「おいくつでしたっけ？」

「58歳」

「高校でスポーツは得意でした？」と私は続けた。

「せいぜい、普通といったところかな。水泳部に入っていた」

「練習は好きでした？」

「練習より、友だちと出かけて遊びたいほうだった」

「50歳を超えたんですよね。スポーツ選手で、50前より50を過ぎてからのほうが強くなったという人は過去にはいません。眼と手の協調運動に優れているとはおっしゃっていませんよね。だから、もって生まれたゴルフのスキルには恵まれていないようです。それに、あなたは練習が好きではない。練習は改善に不可欠です。こういう状況ですよね？」

彼はうなずいた。

「ゴルフを楽しんで、上手になろうと思わないことですね。ゴルフの腕があがることは、これからもないでしょう」

要するに、まあまあの腕で満足しなさいと私は言ったのだ。この章の内容と矛盾するようだが、1つ異なる重要な点がある。何をするにもスキルがないとそれをするモチベーションは大幅に減る。そうであれば、まあまあの状況に甘んじるのは賢い選択だ。理想的ではないが現実を甘くみるより、あるいはすごい成績を期待させた挙句、ひどい結果で他人をがっかりさせるよりはマシだろう。取るに足らないモチベーションは取るに足らない結果しか生み出さない（この考えにびっくりすること自体驚きだ）。

また、目標の質がモチベーションに影響を与えることを過小評価しがちだ。新年の決意がうまくいかないのは、目標がいつだってたいしたことのないものでそれを最低限のモチベーションでやろうとするからだ。核心に迫る問題、たとえば嫌な仕事から抜け出す、などを目指す代わりに、「講習を受ける」「もっと旅行する」といった曖昧で具体的な形をとらないものを目標とする。取るに足らない目標はとるに足らない努力しか生まない。

最後に、進歩の兆候をみると、とたんにモチベーションが最低限に下がることを私たちは十分理解していない。そこそこで十分とすること自体が招く目に見えない誘惑だ。私が個別でコーチするクライアントの中にもときどき見かける。彼らは高いモチベーションで始めるが、6カ月から8カ月経ち、対人関係の目標に向けて着実な進歩を見せると減速に転じてしまう。彼らは問題を「解決した」と考え、対人関係に集中するのをやめてしまう。

ゴールのテープが垣間見えたと思うのは幻想でしかないと彼らに言うのが私の仕事だ。改善したと決めるのは彼らではない。彼らの周りの人だ。その現実が胸に応えると、彼らのモチベーションが充電され、また取り組むようになる。

教訓 スキルがない、あるいは課題を真面目に受けとめない、あるいはそれまでの実績で十分だと思って、課題や目標に対するモチベーションが落ちるようなことがあったら、それを続けることはない。あなたがいかにできないかではなく、いかに多くのことができるかを世間にアピールできる何かを探すように。

2 無料奉仕で働くとき

すでにフランシス・ヘッセルバインを敬愛することは述べた。彼女のキャリアの中でとりわけお手本にしたい行動がある。

数年前、フランシスはホワイトハウスから招待を受けた。ホワイトハウスの招待日にはデンバーの小規模な非営利グループでスピーチをすることになっていた。**アメリカ大統領と面会するか、デンバーで無報酬のスピーチをするか。**普通の人なら難しい選択ではない。デンバーの人に電話をし、事情を話して予定を変更してもらうか、翌年に回してもらうかする。所詮《しょせん》、無料奉仕の仕事だ。デンバーの人に頼まれただけのことだ。彼らは理解してくれるはずだ。

フランシスは逆のことをした。彼女はホワイトハウスに出席できないと伝えた。「先約があります」と彼女は言った。「出席すると伝えてありますので」（彼女の誠実さに、さらに私は打たれた。彼女はデンバーのグループに、ホワイトハウスからの招待のことを話さなかった）。

私たちは、フランシス・ヘッセルバインのように高潔な行動をすると信じている。だが、経験からは逆のことがいえる。最大限の努力をしない口実があるとき、無料奉仕を頼みの綱の口実にする人はどのくらいいるだろう？

専門知識を無料で提供する（有能な弁護士が非営利団体のために無料で案件を引き受けるとか）ことだけが無料奉仕だと私は思わない。個人の意思で行う無償のボランティア活動であれば、なんでもよい。子供のサッカーチームのコーチをする、ホームレスのための炊き出しで皿洗いをする、地元の高校で落ちこぼれになりそうな10代の生徒のメンターになる、あるいは講演をするなど。ボランティア活動と約束厳守の程度の関係を、私たちは等式に仕立ててしまう。**手伝います**と手を挙げたのだから、都合が悪いときには**抜けます**と手を挙げてもいいだろうと思う。こうして、立派で高潔な意図がまあまあの結果を生むだけに退化してしまう。私たちの誠実さが損なわれるのはこういう次第だ。

誠実さは、あるかないかのいずれかだ（半分妊娠している、なんてことがないように、半分だけ誠実ということはありえない）。約束したなら誠実さを示す必要がある。出席して最大限の努力をすれば明らかに得になる約束を守るためには誠実さは要らない。もともと気が乗らなかったのに説き伏せられてしまった馬鹿げた約束に対して、最高の仕事ができるかどうかが真の試練だ。そうするのが正しいと知っているが、難しい環境にはまってしまう。疲れた、仕事を引き受けすぎた、もっとマシなことがある。思ったより費用がかかる。あるいはホワイトハウスが魅力的な申し出をしてくる。そうなると、頼ってきてくれた人よりも、私たちは自分の置かれた状況のほうを考えてしまう。

教訓

無料奉仕の無料は形容詞であり、言い訳という意味ではない。誰かのためにやってあげているんだ、と思って最大限の努力をしないのであれば、誰のためにもならない。あなた自身のためにもならない。人はあなたの約束を覚えていない、あなたの仕事ぶりだけを覚えている。レストランがホームレスの収容施設に食料を寄付したが、古い食べ残し、残飯でお腹のすいたホームレスですら飲み込むこともできないような代物だったというに等しい。レストランのオーナーはないよりマシだと思い、気前がいいことをしたと思う。だが、ないよりはまし、というのはまあまあのレベルよりずっと悪い。そして約束したあとにまあまあのことをするのでは、まあまあよいことには決してならない。

3「アマチュア」のように行動するとき

1年間、デニスのコーチングをしたあと、素晴らしい進捗報告を受けるようになった。彼が抱えていた問題は、優秀な本部長レベルのエグゼクティブによく見受けられるものだ。彼は負けず嫌いが度を越していた。初めてデニスに会ったとき、彼のけんか腰の物言いでそれは明らかだった。彼は常に検察官のように振る舞い、同僚や直属の部下を守勢に追い込んでしまう。彼はCEOや重要な顧客に対してはそうしない。そのために、デニスのなんとしてでも勝とうとするという評判に、偽善的でおべっか使いという嫌な性格が付け加わっていた。

デニスは急速に改善をしていった（恥をかかせる同僚よりもよくなりたいという負けず嫌いがプラスに働いた）。だが、彼は満足していなかった。電話で定期的に様子を聞くと、必ず彼は妻のことを愚痴った。彼は女性に思いやりのあるほうではなかったが、話を聞いていると夕方帰宅したときから翌朝出勤するまで喧嘩をしているようだった。オフィスは彼にとって避難場所になっていた。3人の小さな子供と住む郊外にある一軒家の自宅は、戦闘地だった。

通常顧客の家庭の問題には首を突っ込まないのだが、親切、寛容、口を開く前に考えるといった職場での新たな態度と自宅の話との間があまりにもかけ離れているので、無視することはできなかった。私はデニスが禅僧のように忍耐強くなったのを1年間で見てきた。彼は、口を開く前にAIWATTを実践するエキスパートになった。すべての状況で彼が優位に立っていることを周りに認めさせる必要はなくなった。ときどき馬鹿げたことがあっても彼は容認した。だが、自宅では明らかに違った。

その次彼と会ったときに私は彼にそのことを尋ねた。仕事の環境では最善の行動ができるのに、なぜ自宅では昔のデニスにもどってしまうのだろう?

「職場では、プロフェッショナルでなければならない。君のフィードバックでそれがわかった」と彼は言った。

「家庭ではどうなんですか? 家族とはアマチュアでもいいのか?」と私は尋ねた。

その問いにデニスは途方に暮れて言葉を失った。彼の痛いところをついた。彼の目に涙が浮かんだ。私はきつく当たるつもりではなかった。デニスがプロフェッショナルという言葉を使ったとき、今まで見てきた彼の整合性に欠ける行動の多くが説明された。職場環境では絶対に許されないような行動を自宅環境ではしてしまうことに気づかない人はいない。上の空とか、機械オンチといった馬鹿げた害のないものもある。もっと悲惨なものもある。くよくよする、陰気でむっつりする、単独行動する、非社交的、ぷりぷりしているなど。そんな行動を自宅から職場に持ち込めば、キャリアが破綻する。だから、たいていはそうしない。

なぜかは容易にわかる。仕事では、プロフェッショナルな態度を維持するためのあらゆる仕組みがある。正式な人事考課などの定期的なミーティングから、非公式なネットでのゴシップやら井戸端会議など。そしてお金、ステータス、権力、職を確保するといった強い動機づけの要因がある。

自宅では、1人で住もうが家族と住もうが、仕組みも動機づけの要因も消えてしまう。自分の好きなようにやれる。そして高い目標を目指すことはない。

それがデニスにはこたえた。プロフェッショナルは最高レベルを目指す。アマチュアはまあまあのところでよしとする。職場では、よりよい人になろうと一生懸命努めた。だが、同じ努力を妻や子供にしようとは考えもしなかった。同僚よりもはるかに重要な人たちだというのに。アマチュアの夫や父親であることは、デニスにとって受け入れがたいことだった。それは彼がなりたい姿ではなかった。そこで涙が浮かんだわけだった。

私たちは知らず知らずのうちに、毎日このアマチュア対プロフェッショナルの罠にはまっている。自宅と職場で切り替えるだけではない。仕事でも、私たちがどんな人間かが影響しない分野では、アマチュアとプロフェッショナルを切り替えてしまう。

あるヘルスケア関連企業が泊りがけの研修を開催したときに、講演をしたことがある。CEOが私の前に45分ほど話した。彼はあまり上手ではなかった。彼は（スタッフが書いた）スピーチ原稿を読み上げ、スクリーンで何枚かのスライドを見せたが、みんなが注目しているかどうか見回してチェックすることはせず、声のトーンを変えず、アドリブで聴衆を笑わせることもなかった。

彼のあとで話すのは難しくなく（謙遜した表現にするにはどうしたらいいんだろう？）、私は会場を盛り上げた。舞台の上、観客席の間を歩き回り、聴衆を立ち上がらせて動いてもらい、質問に答えてもらった。みんなは笑い、やったね、とハイタッチしあったりした。いつものことだ。これが私の商売だ。私は気を遣い、いろいろと試した。それは見てわかったはずだ。

終了後、CEOはぎこちないお世辞で褒めてくれた。彼は楽しんだと言ってから、つけ加えた。

「でも、あなたはプロのスピーカーだから。私より上手なはずだ」

彼はCEOとしての仕事にスピーチをすることは含まれないと私に言ったのだ。彼はその仕事を他の責任から切り離していた。CEOとして彼は自分を完璧なプロフェッショナルと考えていた。スピーチに関しては、自分でアマチュアだとして、まあまあのレベルでよしとしていた（正直、そのレベルにも達していなかった）。彼は自分自身を並の人間と決めつけてしまった。

誰でもそうだ。得意な分野とそうでない分野とを切り離す。そして強いところが本当の自分の姿だと思う。弱い部分は例外的な状況で、それも自分だということを認めようとしない。こうして自分をアマチュアなんだと決めつけ、まあまあのレベルでよしと認めてしまう。

教訓

私たちは、自分のしていることにはプロフェッショナルであり、なりたいと思うことに対してはアマチュアだとする。なりたいと思う人間になるためには、この疑わしい区別を頭から消し去る必要がある。少なくともプロフェッショナルとアマチュアのギャップを埋める努力をするべきだ。ある点で優れているからといって、他の点で優れていないことの言い訳にはならない。

4 相手に合わせることに問題があるとき

相手に合わせられないのには2つの理由がある。自分のやり方のほうがもっとよいと思う（負けず嫌い症候群の典型）、あるいは誰かの行動のルールに従うことになるのなら、完全に従いたくない（典型的な自主開発主義症候群）からだ。そんな頑固さは、状況をよくするどころか悪化させる。

この問題がもっとも顕著に表れるのは、医者と患者の関係である。

一例だが、私のコーチング仲間のリチャードが数年前に心臓トリプル・バイパス手術を受けた。手術は成功した。術後の回復の一環として、リチャードは医師の指示で減量プログラムに取り組んだ。大学卒業後20年の間に身についた20キロの一部を落とさなくてはならない。リチャードと医師は話し合って11キロ減量を目標とすることにした。極端でも非現実的でもない。減量計画は緩いものだった。食事量をコントロールし、炭水化物とチーズを減らし、新鮮なフルーツと野菜を増やし、毎日40分歩くというものだった。

リチャードはあっという間に5キロ減量したが、その後頭打ちになり、徐々に1、2キロ太ってしまった。今もその状態である。40代半ばで、生存のために最後までやり遂げず、目標の半分のところで手を打ってしまっている。あなたや私が見た目のために「あと5キロ」痩せようというのは、体調に合った体重だからそれを下げるのは難しい。それとは違う。リチャードの減量は見た目のためではない。深刻な心臓障害によるものだ。彼の健康は医師のプログラムに従うかどうかに依存している。それなのに彼は途中でやめてしまい、それ以上いかなかった。5キロ減量すれば、十分だろうと彼は決めつけた。*

認めるかどうかは別にして、私たちはみな相手に従うことがうまくできず、問題を抱えている。こうしろ、ああしろと言われると誰もが抵抗する。それが自分のためになるとわかっていても、相手に従わないと誰かを傷つけることがわかっていてもだ。

■友人が絶対にここだけの話だよと言いつつ秘密を話す。誰にも話さないという約束にもかかわらず、配偶者なら「まあいいだろう」と例外にしてしまう。一緒に住む人にまで秘密にするとは友人は考えないだろうと自分に言い聞かせる。

■子供が何か高価なものを壊す。その事を告白する前に、子供は怒らないと約束して、と言う。その場で怒りを爆発させることはしないが何日も胸に抱えて、子供に間接的に嫌味を言う。

■顧客に毎日プロジェクトの進捗状況を報告することになっているが、新たに報告すべきことがないと、1日や2日さぼってしまう。相手に言わないまま、とにかく毎日連絡するという暗黙の合意を一方的に書き換えてしまう。まあそれでいいだろうというほうを選んでしまい、不必要に顧客を混乱させてしまう。

＊なぜ医者は患者がこのような誤った行動をするに任せるのだろう、とよく疑問に思う。医者は遵守が大きな問題だと知っている。生死にかかわる病気の患者の30％が服薬の指示に従わないというレポートがある。それなのに何もしない。医療の世界では、患者が病院の外に出たら責任はもうないと思っているようだ。診察した医者が電話やメールで勧めた治療を守っているかどうかチェックしてきたことがあるだろうか？　こういったときにこそ、ささやかな仕組みのフォローアップ――日課の質問のようなもの――が患者を健康にもっと真剣に取り組むようにさせられる。医者は、次の予約が近づくと電話やメールで思い出させてくれることをもうやっている（キャンセルを減らすのは彼らのプラスになるからだ）。人間が余計な手を煩わすことなく患者の遵守状況をフォローアップする技術はある。民間企業はこれをよくわかっている。服薬を促すように毎日音が鳴るような「服薬遵守」のためのアプリが10以上もある。もちろん、アプリをダウンロードするような何かのトリガーがあることが前提だが。医者が関与すればその可能性は高まる。

何百というささやかな日々の活動の中で、遵守せず、他人の期待を裏切るものを3つ例にあげてみた。遵守していないことに自分は気づかない。だが、他人のそれはすぐさま指摘できる。信頼を裏切る、ゴミを捨てる、運転中にメールをする。それはいつも誰か他人がすることで、自分ではない。自分は絶対にそんなことはしないと思っている。

教訓

遵守しないということは、不注意や怠惰というだけではない。もっと強引で失礼なことだ。世界を軽蔑して「そのルールは私には当てはまらない。私を当てにしないでくれ。気にかけていないんだから」と、こう言っているのだ。私たちはまあいいか、といったところで線を引き、そこから動こうとしない。

20 トリガーになる

環境に変えられるのではなく、環境を変える

第3章でお話したナディームのことを覚えているだろうか？ ロンドンのエグゼクティブでライバルのサイモンのちょっかいにひっかかっていた人物だ。その後どうなったか、お話すると約束していた。

ナディームはモチベーション高く、改善のプロセスに乗り出した。私がするようにと言ったことを彼はすべてした。３６０度インタビューに参加した18人全員の前で、それまでの行動を謝罪した。彼は改善すると約束した。みんなに、昔の行動に戻るようなことがあったら尻込みせずに注意をしてほしいと頼んだ。彼はみんなの協力を求

めた。彼はサイモンともよい関係を築こうと努力した。といっても最初は不承不承だった。サイモンに対する昔の敵意がまだ身についていた。

「サイモンに半分だけ歩み寄ろう。彼だって変わる必要がある」とナディームは言った。

「サイモン環境はあなたの責任ではありません。あなたがコントロールできるのは、あなたの行動だけです」と私は言った。

「なぜ私だけやらなくちゃいけないんだ? 彼が努力しないなんて冗談じゃない」

「80%まで努力することにして、様子を見てみましょう」と私は言った。

ナディームはそれに同意し、日課の質問の最優先事項にあげ、「**私はサイモンの件で80%努力したか?**」と書き込んだ。

彼はまずサイモンに謝罪をするところから始めた。いわゆる敵だったサイモンに「過去に何をしたとしても申し訳なく思っています。私たちの関係はうまくいっていなかった。それは私の責任です。今日から、私は改めるつもりです」と言った。改善を約束する、その計画をみんなに話す、それで変化が始まった。

ナディームのコーチとして、私は定期的に彼に電話をして進捗状況をチェックした。彼はこれだけをやっていたわけではない。社員1万人、売上200億ポンドの事業部を経営していた。家族もいる。出張でイギリス各地、ヨーロッパ各地に出かけることも多い。彼は本社でも責任のある仕事を担当し、さらに何社かの社外役員を務めていた。彼は忙しい男だった。変わること、それをいつも意識するようにというのは、かなり厳しい要求だった。CEOと人事部門のトップ、その2人が私を彼のコーチに雇ったのだが、彼らが常に彼の進捗状況を見守っていた。日常業務でどんな邪魔が入ろうと、ナディームは「サイモン環境」を解決しようとモチベーションを高く持っていた。会社のロールモデルになろうという者にとって、これは重要なことだと彼は信じていた。

定期的なフォローアップの仕組みなど、モチベーションを高めるための仕組みを利用したので、ナディームが改善したことに驚きはしなかった。驚いたのは、サイモン問題が解決したその速さだった。要したのは半年だった（深いわだかまりを持つ家族、友人、同僚たちを考えてほしい。廊下ですれ違っても言葉を交わさない、許せない、話したくない、住所録から消してしまったような人。そういう人たちとの壊れた関係をあなたは修復しようと思うか？　それを6カ月で成し遂げられるか？　いや、6年間でどうか？）

あまりにも見事に成功したため、人事本部長のマーゴットは、ナディームに直属の部下やシニアマネジメントに話すよう頼んだ。私はロンドンにいなかったが、マーゴットが逐一話してくれた。

なぜうまくいったか。ナディームは社内のグループで話した。「私は心から働きかけました。よい関係をつくろうと思いっきり頑張りました。サイモン以上に」

そして彼はその朝サイモンから受け取ったメールを取り出し、大きな声で読み上げた。2人の男が今や同じ考えにある証拠として。「実際、2人は互いの心を読み合える」と彼は言った。

誰かが質問をした。

「何か違う方法をすればよかったと思うことはありますか？」

「80％歩み寄る、それをやめると思います」とナディームは答えた。

「100％歩み寄ります。私が行動を変えれば、私の周りの人を変えられることを学びました。もし私が完全にやっていたら、もっと早く友人になれたと思います」

涙を浮かべなかった人は誰もいなかったと私は聞かされた。

これぞ、まあまあで満足しないことから得られる究極の恩恵だ。

大人になってから行動を変えることに没頭する。100％専念し、エネルギーを注ぐ。そうすれば、「どんな盾も突き通す矛《ほこ》」と「どんな矛も防ぐ盾《たて》」のパラドックスのたとえを借りていえば、「どんな盾も突き通す矛」となる。
環境に変えられるのではなく環境を変えるようになる。
周りの人はそれを感じ取る。
私たちがトリガーになるのだ。

PART

4

後悔しないために

21 エンゲージメントの輪を循環しよう

人間関係での行動を改善できたか

大人になってから行動を変えたことでもっとも記憶に残るものはなんですか?

私はこの質問を何百人という人に向けてきた。スラスラと答えが出てくることは稀《まれ》だ。

早く答えるのは、悪い習慣を取り除いた人たちだ。この質問をすると、51歳のメディア企業でシニア・エグゼクティブを務めるエイミーは、すぐさま喫煙をやめたことと誇らしげに言った。

「それは私がお尋ねしたかったこととはちょっと違うんですよ」と私は言った。「タバコをやめるのは立派なことだし、難しいことです。でも、喫煙は不健康だし、社会的に蔑視されていることです。禁煙を働きかける外的な圧力は大きい。私が知りたいのは、あなたが変わることで他の人の人生がよくなるよう、自発的に行動を変えるものです」

エイミーは考えてから、こう言った。

「母に優しくするというのはそれに含まれますか？」

そのほうがまだ近い。エイミーは母と娘の近い関係、たぶん近すぎる関係について話してくれた。彼女の母親は70代後半。2人は毎日電話で話す。だが、互いにけなしあったり、些細なことで言い争ったりするばかりだった。親と子で、自分は正しく、相手が間違っていると証明しようとするゼロサム・ゲームを戦っていた。「千の傷をもたらす愛」とエイミーは言った。ある日、母がいずれは死ぬのねと話したとき、2人とも若くなることはないのだと気づいた。エイミーは停戦を決意した。彼女はそのことを母親には話さなかった。彼女はただ、小競り合いに巻き込まれないことにした。母親に何か批判的なことを言われても、エイミーは無視し、不快な雲が空中に漂うのに任せ、蒸発するのを待った。娘からカウンターパンチが出ないと、母親はやがてパンチをくり出すのをやめた。逆も同様だった。

「あなたがなさったことは、些細なことではありません」。私は、エイミーに禁煙よりも素晴らしいことを成し遂げたと祝福した。家族の全員がみんなエイミーのように、愛する人に停戦を宣言したら、家族旅行、感謝祭のディナー、誕生日パーティ、ドライブ旅行はもっと摩擦が少ないだろうに、と話した。「あなたは2人のセリフを変えた、あなた自身だけでなく。それは誇りに思ってよいことです」

私の質問を誤解する人もいる。キャリア上の大きな決断を思い出したり、突然のひらめきを受け、それを行動の改善と混同したりする。金融業界のあるエグゼクティブは、ロースクールの1年生のとき、彼の父親や兄弟と違い、弁護士になりたいとは思っていないことに気づいた。その瞬間すべてがはっきりと見え、それがトリガーとなった。彼はロースクールを退学し、証券アナリストになった。だが、それは人生の岐路であり、行動の変化ではない。同様に、真面目な顔で「すべての人が問題に対して私と同じ見方をとらないことに気づいた」瞬間を話してくれたアート・ディーラーもいた。それは本質を見抜く見識ではある（が、まったく特別なものではない）が、それによって他の人に接する態度が根本的に変わったというのでなければ、それは要するに、そう、たんなる見識でしかない。

かなり多くの人は、肉体的な自己規律や知的に困難な挑戦をしたことを話してくれた。マラソンに出る、130キロのベンチプレスをする、進学する、パンづくりを習得する、瞑想を学ぶなど。これらも、称賛すべき自己改善の例であり、軽んじてはならない。だが、パンづくりや瞑想が（精神安定剤を飲んだときのように心を落ち着かせるというのではなく）、人間関係での行動を顕著に改善したのでなければ、私が聞きたいと望んでいた対人関係での成果とはいえない。意味ある活動を行ったかもしれないが、行動を変えたわけではない。

大半の人は言葉に詰まってしまう。彼らは何も変えた記憶がない（簡単な質問「あなたが行動を変えた中でいちばん記憶に残るのはなんですか？」）

ぽかんとされるのは珍しくない。個別でコーチングをするとき、最初のミーティングで尋ねることにしているが、同じ反応を受ける。成功した人たちがいかに自分のことや周りのことに気を使っていたとしても、行動を変えることの必要性は、彼らに証拠を突きつけるまでは頭に浮かばない。何を変えるかを知らなければ、変えることができない。

何を変えるかを知ろうとして、私たちは多くの凡ミスをしでかす。**あまり強く感じていない問題に時間を浪費する**――「お母さんに電話してあげたらいいだろうな」と思う。だがそれが本当に重要なら、私たちはちゃんとやる。満足できる意義ある形でする代わりに、あれこれ考えたり、ときどき電話をしたりする。それはするのではなく、したいと思うだけだ。

私たちは厳格な二者択一的な考え方に捉われてしまう——たとえば、ナディームはサイモンに対処するのに2通りの可能性しかないと考えた。にこやかに笑って耐える（それは屈辱的だ）か、戦い返す（昔からの言いならわしが正しいことを証明するだけだ。「ブタと戦うな。ブタもあなたも汚くなる。だが、ブタは汚いのが大好きだ」）。ナディームは自分のおかれた環境、というよりどんな環境も柔軟なものだということを理解していなかった。環境は、あれかこれかだけではない。居心地の悪い状況は、ポジティブな行動の模範を見せ、チームプレイヤーのイメージを磨き上げる機会だということを、言われるまでは気づかなかった。しかも、サイモンがよりよいチームプレイヤーになる手助けをするという期待しなかったボーナスも得られた。

たいてい、私たちは想像力の欠如に悩まされる——数年前まで、私は医者でありエグゼクティブである人のコーチングをしたことがなかった。今は3人にコーチをする機会に恵まれている。世界銀行総裁のジム・ヨン・キム博士、メイヨークリニック社長のジョン・ノーズワージー博士、米国国際開発庁長官のラージ・シャー博士。彼らは聡明であるばかりでなく、私の知る限りもっとも献身的で、きわめて高潔な人たちである。それぞれの医師にコーチングを始めて間もないときに、6つのエンゲージングの質問をした。

Q1　明確な目標を設定するために最大限努力したか？
Q2　目標達成に向けて進歩するために最大限努力したか？
Q3　人生の意義を見つけるために最大限努力したか？
Q4　幸せであるために最大限努力したか？
Q5　よい関係を構築するために最大限努力したか？
Q6　心からエンゲージするために最大限努力したか？

彼らは聡明で、高度な資格を有する人たちだ。普通なら、単純な質問についていけないことはない。だが、全員が第4の質問、**幸せであるために最大限努力したか**でまごつき、言葉を失ったことがありありと見て取れた。

「幸せでいることに何か問題がありますか？」と私は尋ねた。

別々の時に尋ねたのだが、3人はほぼ同じ言葉で答えた。「幸せになるために努力するなんて、考えたこともなかった」

3人とも医学部を卒業し、CEOの立場に就くほどの広範な知的能力を持つ人たちだ。だが、幸せであらねばならないと誰かに言われるまで、気づかなかった。何を変えたいかを知るのが、いかに難しいかがここからもわかるだろう。凄腕の人ですら本当に大きな目標を見逃すのだ。

私から何を変えるべきだとはいえない。それは個人が選ぶことだ。思いやり、忠実、勇気、敬意、誠実、忍耐強さ、寛容、謙虚などの華々しいリストをさっとあげることはできる。それらは時を超えた美徳で、私たちが幼く影響を受けやすい年の頃、両親、教師、コーチが私たちの頭に叩き込もうとしたものだ。教会の説教で、葬儀の追悼の言葉で、卒業式の訓示で繰り返し、思い出させられる。

そのような美徳について講義をされても、私たちが高潔になるわけではない。いかに鋭い、あるいは雄弁なスピーチであっても、変わらなくてはならない切実な理由がない限り、長続きする変化が起きることはない。私たちは話を聞き、うなずき、そして今までのやり方に戻る。その大きな要因は、大志をやり遂げるための仕組みがないことだ。私たちは先見性に富む計画者だが、目がぼやけた実行者だ。だが、3人の医師のように、ある種の変化はまったく思いつかないことがある。

だからこそ、私は初期の段階でエンゲージングのための6つの質問を紹介する。あまりに基本的なために尋ねることを忘れてしまうような質問を考えさせる。私はこれらの質問に加えて、私のトレードマークとなっている環境——よきにつけ悪しきにつけ(たいていは悪いのだが)、私たちの行動を形づくる環境に関する指導を組み合わせる。

そして、一歩退いて顧客の頭が回転し出すのを待つ。私の経験では、幸福、目的、エンゲージメントなどの基本的な欲求から見た環境について考えさせると、集中して考え、こういったところで基準に達しているかどうか、そしてそれはなぜかを考えるようになる。

エンゲージングの質問の成績を評価し、足りないところがあると、その責めは環境か自分自身に負わせることになる。

私たちは環境のせいにしたがる。明確な目標を設定しないのは、あまりに多くの人に応えようとするからだ。現在設定している目標に失敗するのは、やるべきことが多すぎるからだ。私たちが不幸せなのは仕事に先がないから。良好な関係を築けないのは、相手が半分歩み寄らないから。会社でエンゲージしないのは、会社が助けようとしないから、などなど。

環境のせいにするのが上手な私たちは、自分の欠点はどんなものでも許すのが上手だ。都合よく環境のせいにできるとき、自分の過ちや間違った判断を責めることは滅多にない。仕事で惨めな思いをしている同僚が責任を受け止めて「私はもともと惨めな奴なんだ」というのを聞いたことがあるだろうか？　落ち度はどこかにある。だが、自分のところには絶対にないというわけだ。

生活の中で、環境と私たち自身の2つの力の相互作用を正直に評価することが、なりたい自分になれる方法だ。

エンゲージをしてトリガーの本質を見極める

本書の主な目標は、あなたにとってもっとも重要な領域で行動をよい方向に変え長続きさせるお手伝いをすること。けっこう控えめなものだ。何を変えるかは私が言うことではない。考える時間があれば、何をすべきかわかる。私の仕事はそのお手伝いをすることだ。その変化は、周りの人があなただと気づかないほど大がかりなものである必要はない。どんな改善でも、ないよりはマシだ。本書で得た何らかのヒントの結果、1日を以前よりも幸せに過ごせたら、あるいは、あなたが大切に思う人とわずかでもよりよい関係を築けたら、あるいは目標の1つでも達成できたら、私にはそれで十分だ。

だが、私は他に2つの目標の価値も強調してきた。それは私たちの両親が教えてくれた昔からの美徳には少し当てはまらない。それはポジティブな状態といったほうがいいかもしれない。

最初の目標は、自分の周りで何が起きているかを認識することだ。部分、部分は認識してもそれ以上の意識をもって1日を過ごす人はほとんどいない。出張途上や出勤途上では、私たちは頭のスイッチを切ってしまう。会議でぼんやりしてしまう。大切な人と一緒にいるときでも、テレビやコンピュータのスクリーンを見ていて気をそらせてしまう。注意を払わないと何を見逃してしまうかわからない。

第2の目標はエンゲージメントである。私たちは環境を意識するだけではなく、積極的にその一部となっている。そして、私たちにとって重要な人は私たちのエンゲージメントを認識する。多くの場合、エンゲージメントはもっとも称賛に価する状態だ。高潔で心地よく、誇りに思い、楽しめるものだ。配偶者や子供から、「いつも私が必要とするときにそばにいてくれるのね」と言ってもらう以上の褒め言葉はあるだろうか。あるいは、「いてくれた試しがなかった」と言われるほど辛いことはあるだろうか。エンゲージメントはそれほど重要なことだ。行動を変えることで得られる最終の成果として、これほど素晴らしいものはない。

認識するようにしたい、そしてエンゲージメントしていたいと願うようになると、環境が私たちに投げかけてくるトリガーの真価がわかる。環境のトリガーの力には不意打ちを食らうことが多いから、何を予期すべきかはわからないかもしれない。だが、他の人が私たちに何を期待するかはわかる。そして、自分が何を期待するかもわかる。その結果は驚くべきものだ。もう、突進してくる電車を何もする術もなく立ちすくみ待つようなものとして環境を扱う必要はない。環境と私たちの間は、互恵的なギブ・アンド・テークの関係になる。私たちが環境をつくり出すのと同様、環境が私たちを作るようになる。そして、私が好んで使う言葉だが、「エンゲージメントの輪」の均衡を達成する（次頁の図）。

この平衡状態は達成が容易だ。日常のありふれたこと（だが、些細なことではない）で、私たちがほとんど気づかない（だが、気づくべき）ことを例に話そう。ダートマス大学のタック経営大学院のエグゼクティブ・コースで教えたことのあるジムというエグゼクティブの話だ。彼からメールが届いた。

ジムの妻、バーバラが彼の職場に電話をしてきた。その日はたまたま超大型台風がやってきたような日だった。すべてがうまくいかなかった。顧客が腹を立てた。部門長がしつこくて、うんざりした。アシスタントが病気で休むと言ってきた。妻は、「誰かと話したかったの」と言ってきた。どうやら彼女も職場で嫌な1日を過ごしたようだった。

「誰かと話したかったの」という言葉がトリガーだ。していることをやめて聞くようにというジムに対するトリガーだ。彼は意見も助けも求められていない。何も言うように頼まれていない。ただ、聞くだけだ。その日いちばん容易な「お願い」だ。彼はそれを予期しなかったプレゼントと喜ぶべきだ。

だが、ジムがバーバラの声を聞いたその瞬間に、その電話をプレゼントと受け入れるかどうかは確実ではなかった。トリガーはある一定の行動を呼び起こす衝動へとつながる。ジムには選択できる衝動的行為がたっぷりあった。すべてが望ましいというわけではない。

彼は、電話のベルが鳴る前よりもさらにぐったり疲

エンゲージメントの輪

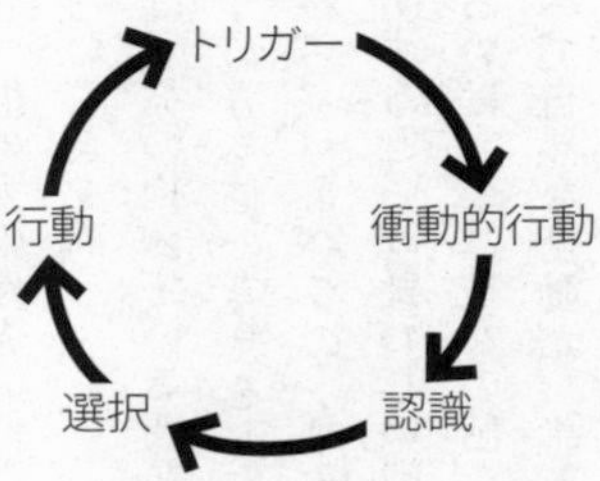

れる可能性があった。すなわち、トリガーが感情を高ぶらせるように使われる。今ちょうど手が離せないので、あとで折り返し電話をするとか、家で話そうとか言うこともできた。すなわち、トリガーの瞬間を彼にもっと便利な時間に遅らせる。関心を示したふりをして、彼女が話している間、他の仕事をすることもできた。すなわち、彼の妻の優先順位よりも低い優先順位でトリガーを扱う。そして、彼女が気づかないことを願う。

彼は、彼の抱えている問題に比べたら妻の問題は重大性、重要性で比較にならないという自分本位の考えをして、君は僕ほど惨めではないと詳しく話すこともできる。すなわち、バーバラのトリガーと戦って「勝つ」。彼が正しく、彼女が間違っていると証明するという疑わしい戦略をとる。

あるいは、彼は彼女の話を聞いてもいい。

すべて自然な衝動だ。誰かの愚痴を聞かざるを得ないとなって、イライラしたり、最大級の癇癪を起こしたりしない人がいるだろうか。あるいは友だちが泣きごとを言っているのを上の空で無視することをしない人がいるだろうか？　あるいは誰かがこぼしたとたん、自分自身の苦労を言い募り、美化しない人はいるだろうか？

意識していないとき（多くは、そのときにしていること、感じていることに没頭しているためだが）私たちは容易にトリガーに引っ掛かる。トリガーから衝動、そして行動には瞬時に移る。この順番で起きる。トリガーは衝動を引き起こし、それが直接行動へと導く、それが別のトリガーをもたらす、そしてまた……という具合だ。うまくいくときもある。幸運にも、選択をせずに正しい「選択」をすることがある。だが、それは混沌を招くかもしれない不要なリスクである。違いをもたらすには意識することだ。それがトリガーの流れを引き伸ばし、ちょっと一息入れる場を与える。長い時間ではないが、オプションを検討し、よりよい行動を選択するには十分だ。ジムはメールで正しい選択をしたことを伝えてきた。トリガーの瞬間、最初の衝動を彼はこう書いてきた。

私は、問題を抱えているのは君だけじゃないよと言うところでした。それから、あなたの講義での言葉を思い出したのです。「今、この案件で、ポジティブな違いが表れるように必要な投資を、する気があるか？」私は息を吸い、彼女が誰かと話したいと言った、その誰かになろうと決めました。私は何も言いませんでした。私が言えたのは、愚痴を言い終わると、彼女は「気分がよくなったわ」と言いました。は、「愛しているよ」だけでした。

私たちが意識してエンゲージをしているときには、こういう奇跡が相互に生じる。トリガーの本質を見極め、懸命に、適切に対応する。その行動がトリガーを引き起こし、さらに相手から適切な行動を引き起こす。それが次々と続く。それが妻のトリガーに対してジムの行ったことだ。彼女は彼の内にある思慮深い素晴らしい何かを引き出すトリガーとなった。彼はお返しに、彼女の気分が晴れるような反応のトリガーとなった。とても好ましい形で、互いが相手のトリガーになっていた。知ってか知らずか、彼らは好循環なエンゲージメントの輪を回っていた。そして輪が壊れないようにした。

22 変化のない生活を送る危険

後悔しないようにトリガーとなる意思表示をする

何の変化もない生活を想像してほしい。

同じ会社で定年まで働くとか、同じ人と30年間結婚を続けるとか、あるいは生まれた町でずっと過ごすといったことを話しているのではない。それは褒め称えるべき選択で、後悔したり、馬鹿にしたりするものではない。長く幸せであったことの向こうには、祝福すべき揺るぎない不変性がある。

いつも同じ料理をレストランで注文する、いつも同じスタイルの洋服を着る、音楽やテレビ番組、本がいつも同じ、社会的・政治的意見を変えないといったことでもない。生活をしていて、趣向、意見、日常の選択をまったく変えない、というのは、世界で最高の頑固者であっても、想像しがたい。環境がそれを許さないからだ。私たちを取り巻く環境は変わり、私たちはそれに従って変わる。流れに沿っていくほうが楽だからだとしても。

社会人になってからずっと同じ家に、同じパートナーと住み、同じ会社に勤めるようなものすごく安定した生活を送る人々でも、まったく変化しないことは想像しがたい。

とはいえ、人生のある側面では、変化しないことをあたかも名誉の印のように扱い、耐え続けていることがある。私は、対人関係の行動と他人との接し方を変えることに抵抗することを言っている。

何が原因だったかもう忘れてしまったが、腹を立てて長く会っていない妹がいる。大人になってもう当てはまらないのに、子供時代の思いやりのないあだ名で呼んでからかう古い友人がいる。

何年も顔を合わせているのだが、内気なせいか、惰性か、あるいは無関心のせいで、自己紹介して挨拶していない近所の人がいる。

顧客の要求に腹を立てている。

怒りを爆発させるのが予測できるから、家族はいつ爆発するかで賭けをしている。子供にがっかりさせられたとき叱りつける。

メニューを変えないレストランを私たちは馬鹿にする。

だが、こと自分のことになると非難も馬鹿にすることもしない。なるべく行動を長引かせることに馬鹿げた誇りをもち、それによって誰が傷つくかは考えない。ダメージを回復するには手遅れで、客観的に見ても距離ができてしまったときになって初めて、自分の行動を考え直す。

そして、たぶん後悔する。

なぜこんなに長い間、妹と話さなかったのだろう。なぜ親友に対してひどい仕打ちをしてきたのだろう。発注してくれた顧客にどうして感謝しなかったのだろう。動揺した子供をなだめてあげるのに、いくらかかるというのだ?

大切な人を傷つける、自分を傷つける、どちらであっても、悪い行動を長引かせていると、もっとも害のある形で変化のない生活に行きついてしまう。私たちは、故意に惨めになることを選び、他の人もまた惨めにしている。惨めな時間を、取り戻すことはできない。辛いのは、それがすべて自分のせいだという点だ。自分が選んだことなのだ。

本書の冒頭で、きちんと任務を果たせば、読者のみなさんが人生で後悔することが少なくなるだろうと記したことを思い出してほしい。

さて、今度はあなたの番だ。たいしたことをお願いするつもりはない。

この本を閉じたら、あとで後悔することのないものを何か1つ、変えること。トリガーとなる意思表示をすることを考えてほしい。あとから、やらなければよかったと思わないこと。それが唯一のルールだ。

母親に電話して、母親のことを「好きだよ」と言うことかもしれない。顧客に「ご愛顧いただきありがとうございます」と礼を言うのもいいかもしれない。あるいは、会議で皮肉な発言をせずに、何も言わない。

なんでもいい。どんなにささやかなことでも、いつもしていたこと、これからもし続けるだろうと思われることと何か違うことであればいい。

それをしてみよう。

それは、あなたの友だちのためになるだろう。

あなたの会社のためになるだろう。

顧客のためになるだろう。

あなたの家族のためになるだろう。

そして、あなた自身のためにもよいことだろう。
やってみたらよかったので、またやりたいと思うに違いない。

謝辞

まずは、私がコーチングをしているクライアントにお礼を申し上げたい。世界の名だたるリーダーたちにコーチングができるというのは、実に幸運なことだ。クライアントは私にとって、たいへん大切な存在だ。彼らの生活の一端に加われたことを、大いに誇りに思っている。

2人のリーダーには、とくにお礼を述べたい。

フランシス・ヘッセルバインは、アメリカのガールスカウトのＣＥＯを14年間務めた。ピーター・ドラッカーは彼女のことを「今まで出会ったリーダーの中で最高のリーダーだ」と言っている。まったく同感だ。フランシスがホワイトハウスで大統領自由勲章を受けるのを直接その場で見る栄誉を得た。彼女とは30年以上の長きにわたる友人だ。

アラン・ムラーリーは、ボーイング民間航空機部門の社長、そしてフォードのCEOを務めた。アランはフォーチュン誌によって、アメリカでトップのCEOに、そして世界では第3位の偉大なリーダーに選ばれた。彼は、それまで私が見たこともないようなリーダーシップの取り組み方をつくり上げている。

優れたリーダーであると同時に、アランもフランシスも、人間として信じがたいほど素晴らしい。彼らは誠実、奉仕、敬意のロールモデルだ。2人とも、さまざまな形で私を助けてくれた。本で読んだことより、授業で学んだことより、彼らのそばにいて学んだことのほうがずっと多い。

フランシス、アラン。どうもありがとう!

また、私の家族にもお礼を言いたい。常軌を逸したスケジュールにもかかわらず、長年、家族はみんな私に愛情をもって接し、サポートしてくれている。妻のリダは、私の知る限りで最高の人間だ。一緒になって半世紀近い。彼女の愛情のおかげで、楽しいときも苦しいときも、なんとかやりくりしてこられた。ブライアンはできた息子で、今は会社を経営している。娘のケリーは、素晴らしい教授だ。本書にいくつものアイデアを提供してくれた。そして、リード以上の義理の息子はいないと思う。

私の本を読んだり、ビデオを観たり、講習を受けたりしてくれるすべての素晴らしい人々にお礼を申し上げたい。長年の間に、嬉しいメッセージをたくさん受け取った。その温かい言葉は、とても大切な宝ものだ。

訳者あとがき

このところ、コーチングという言葉が一般的に使われるようになってきた。それには、マーシャル・ゴールドスミスの貢献が絶大であったことは疑義がないだろう。「コーチングの神様」と呼ばれるゴールドスミスの教えは、日本のコーチング界に大きな影響を与えている。

本書『*Triggers*』の英語版には「コーチング」と銘打たれていないが、1ページめから最後のページまで、まさにコーチングそのものだ。コーチをしてくれるのは、本書自体。生身のコーチを雇う時間もお金もないビジネスパーソンには、この上なくありがたい。

パート1では、なりたいと思う人間になれないのはなぜかを分析する。行動を変えて、なりたい人物になろうとしても、それを阻止するものがある。それは「信念のトリガー」であり、環境である。それらがどのように作用するのかを分析することによって、対応の心構えができる。「敵を知り己を知れば百戦あやうからず」は、洋の東西を問わず通じることなのだ。

なりたい自分に変われないのは意志の力が弱いからだと、つい自分を責めてしまう。だがゴールドスミスは、「そうではない、環境のトリガーのなせる業だ」といって慰めてくれる。「環境は恐るべき意志力削減マシンだ」という言葉に、大いに救われる。パート2では、「日課の質問」のやり方、利用方法など、自分が変わるために使うツール、仕組みの基本的な考え方について詳しく書いている。2007年に彼が刊行した『コーチングの神様が教える「できる人」の法則』の中でも紹介されていた手法だが、本書ではそれがさらに実効力をもつように形を変えて、磨きがかかっている。パート3では、仕組みを実践でどう使うか、具体的な例で説明する。

今日はスポーツジムに行ってエクササイズをして、よい汗を流そうと思って朝、家を出る。だが、夕方になると「面倒だな。ま、いいや、明日行けば」と自分に言い聞かせて、やめてしまう。それは意志が弱いからではなく、「自我の消耗」のせいだとゴールドスミスは言う。社会心理学者ロイ・F・バウマイスターの研究を引用し、ガスタンクの中の燃料のように、私たちの自制心には限界があり、使い続ければ消耗すると言ってくれる。

「そうか、みんなそうなんだ。私だけがダメな人間というわけではないんだ」とわかって、明るい気分になれる。今日はよく働いて消耗したから、夕方運動をさぼっても仕方ないと都合よく解釈し、言い訳に使ってしまうところが、凡人の悲しさ。

ゴールドスミスは当然、そうは言わない。だからこそ、消耗を最低限に抑えるようにしよう。そのためにも仕組みを利用しようと提唱する。

明日やることを書き出して、きちんと計画を立てているにもかかわらず、大半が手つかずのまま1日を終えてしまう。それは、1人の人間のなかに「計画を立てる人」と「実行する人」の2人が存在し、この2人がうまく歩調を合わせられないからだと、ゴールドスミスは言う。またしても、彼は優しく、あなたが弱い人間だからというわけではないんだよ、と話しかけてくれる。

ゴールドスミスが大前提とするのは、人間の意志の強さに依存する精神論的アプローチでは、私たちは変われないという点だ。なぜなりたい人間になれないのか、トリガーは何かを分析をして、意志の強さではなく、仕組みを設けることによって行動を変えていくことを提唱するところに、彼の真骨頂がある。

本書では、さまざまな仕組みの実例が紹介されている。

26歳のエミリーが仕組みを活用して減量に成功した事例は、勇気を与えられる。野菜ジュースしか飲まない生活を63日間続け、ヨガや水泳の運動をしながら、彼女はその間に25キロの減量を達成した。また、ワインのマスター・ソムリエのレベル2の資格も取得した。その後1年間、注意深く、規律正しい生活を送って、さらに25キロ減量し、ソムリエのレベル3に合格した。

ダイエットを決意したときから、合計50キロの減量。驚異的な偉業を成し遂げたエミリーは、特別な女性だったわけではない。そもそも理想体重を50キロもオーバーしていたのだから、あまり意志の強い女性だったとはいえない。

その彼女にしてみごとダイエットに成功し、ついでにキャリアにプラスとなる資格も取得できた。その裏には、「日課の質問」という仕組みがあったのだ。

これは会社で使える！　と膝を打ったのは、アラン・ムラーリーの手法だ。どの会社も、予算や計画の見直しを行い、対策を考える。しかし、体系だったシステムがないと、たんなるおしゃべり、愚痴のこぼし合いに終始してしまう場合が多い。ムラーリーは毎週木曜に、会社の計画、状況、予測、とくに注意の必要な点を見直して、事業ごとに「よい」「懸念される」「悪い」と区分して、緑・黄・赤で色分けした。経営陣に共通のプラットフォームを与え、焦点の絞られた議論を可能にした。ムラーリー方式の部分は、ぜひ企業の経営者に精読してもらいたいと思う。

他にも、「氷のカランカラン問題」が印象に強く残る。グリフィンは、グラスの中の氷をぐるぐる回したときに出るカランカランという音にたえられなかった。だが彼は、「日課の質問」を使ってその問題を克服する。

私の場合、ボールペンをカチカチとノックする音、指の関節をポキポキさせる音。こういう音にとても弱い。イライラする。ボールペンを取り上げて放り投げたい衝動に駆られる。音がし始めると、指で耳に栓をするか、音から逃げるために別の場所に移動する。したがって、グリフィンが同様の問題を克服できたというのは、本当だろうか、と信じがたい思いが残る。「日課の質問」の威力ということなのだろうが、最初の頃は自分を抑制するためにグラスを強く握りしめて、グラスが割れるのではないかと思ったという。並々ならぬ努力もあって初めて克服できたのだろう。どうも真似できそうにない、と諦めるようでは本書の読みこみ方が足りないのか。

ゴールドスミスの著作は、いつも事例が豊富に掲載されているため、読んで楽しくわかりやすい。本書もエミリー、アラン、グリフィンをはじめ、多くの具体例が描かれているため、すらすらと読み進められる。

しかし、読みやすさと内容の濃さは相関しない。多くのヒントが満載された、内容の濃い本書を軽く扱わないでほしい。そばに置いて、ときには読み返していただければ翻訳者としてこの上ない喜びである。

最後になるが、日本経済新聞出版社（当時）の鬼頭穣さんにはたいへんお世話になった。この場をお借りしてお礼を申し上げたい。ありがとうございました。

訳者

本書は2016年1月に日本経済新聞出版社から刊行した
『トリガー　自分を変えるコーチングの極意』を改題のうえ文庫化したものです。

日経ビジネス人文庫

トリガー
6つの質問《しつもん》で理想《りそう》の行動習慣《こうどうしゅうかん》をつくる

2024年2月1日　第1刷発行

著者
マーシャル・ゴールドスミス
/マーク・ライター

訳者
斎藤聖美
さいとう・きよみ

発行者
國分正哉

発行
株式会社日経 BP
日本経済新聞出版

発売
株式会社日経BPマーケティング
〒105-8308 東京都港区虎ノ門4-3-12

ブックデザイン
井上新八

本文DTP
秋本さやか
キャップス

印刷・製本
中央精版印刷

Printed in Japan　ISBN978-4-296-11921-9